Schlagfertig

Die 100 besten Tipps

Matthias Nöllke

2. Auflage

Inhalt

Vorwort

Wer schlagfertig ist, hat einen großen Vorteil. Er lässt sich von anderen nicht vorführen, er weiß seine Interessen zu wahren und hat die Lacher auf seiner Seite. Schlagfertigkeit hilft Ihnen, unfaire Angriffe abzuwehren, Konflikte zu entschärfen und peinliche Situationen zu meistern. Mit der treffenden Bemerkung setzen Sie sich besser und vor allem schneller durch. Wenn Ihnen jedoch immer wieder mal die rechten Worte fehlen, haben Sie schlechte Chancen, sich gegenüber zungenfertigeren Zeitgenossen zu behaupten – sogar wenn Sie im Recht sind.

Im Berufsleben haben Sie immer weniger Zeit, Ihre Zuhörer zu überzeugen. Gleichzeitig müssen Sie sich gegen Attacken zur Wehr setzen, die immer rüder und aggressiver werden. Die Nachfrage nach Büchern und Seminaren in Sachen Schlagfertigkeit ist unvermindert hoch. Nicht zufällig gehört der TaschenGuide Schlagfertigkeit zu erfolgreichsten Titeln dieser Reihe. Daher stellen wir Ihnen in der Best-of-Edition einen stark erweiterten TaschenGuide vor, der die Tricks und Techniken ausbauen und vertiefen möchte. Zugleich soll das Thema Souveränität etwas mehr Raum erhalten. Sie werden Ihre Witzfertigkeit schärfen und eine Fülle von Anregungen bekommen, um sich in Zukunft gegen alle Angriffe verteidigen zu können.

Dr. Matthias Nöllke

Angriffe souverän überstehen

Schlagfertigkeit bedeutet mehr, als nur ein paar witzige Sprüche anzubringen. Vielmehr geht es darum, dass Sie Ihre Souveränität bewahren.

In diesem Kapitel lesen Sie,

- was es heißt, souverän zu sein (S. 9) – und wie Sie es schaffen, unabhängig zu werden und aus der Rolle des hilflosen Opfers herauszutreten (S. 13);

- warum es Ihnen hilft, wenn Sie Ihre Stärken und Schwächen gut einschätzen können (S. 18) und sich dem anderen zuwenden (S.22).

Wie Ihnen Souveränität nützt

> *„Angst kann man in sich immer finden.*
> *Man muss nur tief genug suchen."*
> *André Malraux*

Beispiel

 Frau Teubner sitzt in ihrem Büro und bearbeitet einen wichtigen Auftrag. Die Tür fliegt auf. Herein kommt ihr Chef, Herr Dauenhauer, offensichtlich schlecht gelaunt. Er fragt sie gereizt: „Und Sie sind natürlich auch noch nicht fertig?!" Frau Teubner zuckt zusammen und duckt sich über ihre Tastatur. „Aber ich habe erst gestern von Herrn Ralle die Unterlagen bekommen", erklärt sie mit piepsender Stimme. „Ach ja?", donnert Herr Dauenhauer zurück. „Und warum haben Sie sich nicht früher darum gekümmert?" – „Habe ich doch", piepst Frau Teubner. „Aber Herr Ralle ..." Herr Dauenhauer schneidet ihr das Wort ab: „Jetzt schieben Sie doch nicht immer alles auf Herrn Ralle, wenn Sie nicht in der Lage sind, Ihre Arbeit zu erledigen!" Frau Teubner schaut zu Boden.

Fast jeder kennt solche Situationen. Unvermittelt wird man auf dem falschen Fuß erwischt, bekommt irgendwelche Anschuldigungen um die Ohren gehauen und weiß nicht, was man darauf erwidern soll. Reflexartig fangen wir an, uns zu verteidigen, und machen damit alles nur noch schlimmer. Was uns in solchen Situationen fehlt, ist die Souveränität.

Die bedrohte Souveränität

Ob Sie souverän sind oder nicht, das hängt nicht allein von Ihnen selbst ab. Auch Ihre Mitmenschen können mehr oder weniger stark in Ihre Souveränität eingreifen, indem sie Sie missachten, Sie verunsichern oder der Lächerlichkeit preisgeben. Das bedeutet, Sie können nicht so sein, wie Sie sein möchten. Ihr Selbstbewusstsein nimmt Schaden, Ihr Zutrauen in die eigenen Fähigkeiten nimmt ab, Ihre Unabhängigkeit ist dahin. Sie fühlen sich gedemütigt.

Schlagfertigkeit, wie wir sie verstehen, hat den Sinn, Ihre Souveränität und Ihre persönliche Würde zu schützen. Sie haben ein Recht darauf, mit Respekt behandelt zu werden. Und Schlagfertigkeit soll das Mittel sein, mit dem Sie sich diesen Respekt wieder verschaffen können.

Was heißt „souverän sein"?

Souveränität, das könnten wir übersetzen mit Selbstsicherheit, Eigenständigkeit und Fähigkeit zur Selbsterkenntnis. Wer souverän ist, der lässt sich nicht so schnell von anderen nervös machen, sondern bleibt ruhig und gelassen, steht gewissermaßen „über" der Situation. Auch wenn sie heikel ist.

Beispiel

 Herr Küpper soll auf einer größeren Veranstaltung eines Unternehmerverbandes referieren. Nach ein paar einführenden Worten wird er vom Moderator auf die Bühne gebeten. Etwas eilig hastet er hinauf, stolpert, fällt hin und die Seiten seines Manuskripts verteilen sich auf der Bühne. Ein paar Lacher, dann peinliche Stille, während er und der Moderator hastig die Seiten aufklauben. Herr Küpper humpelt ans Mikrofon und beginnt: „Meine verehrten Damen und Herren, wie Sie sehen, konnte ich es gar nicht erwarten, zu Ihnen zu sprechen." Gelächter. „Doch nachdem ich vor Ihnen nicht ganz freiwillig einen Kniefall gemacht habe, gestatten Sie mir, dass ich noch kurz meine Manuskriptblätter in die richtige Reihenfolge bringe."

Durch sein souveränes Verhalten und die augenzwinkernde Umdeutung seines Sturzes in einen „Kniefall vor dem Publikum" (über Umdeutungen gleich mehr) hat Herr Küpper diese peinliche Situation souverän gemeistert und bei seinem Publikum Sympathien geerntet.

Vier Fähigkeiten, die man lernen kann

Das Wort „Souveränität" geht zurück auf das lateinische „superanus", das so viel bedeutet wie „über jemandem befindlich, überlegen". Im Völkerrecht bezeichnet die Souveränität eines Staates seine Unabhängigkeit und sein Recht, über alle wesentlichen Angelegenheiten selbst zu entscheiden. Einen Menschen bezeichnen wir als souverän, wenn er selbstsicher auftritt. Und wenn jemand eine Aufgabe souverän erledigt, so heißt das nicht nur, dass er seine Sache sehr gut gemacht hat, sondern auch, dass er sie mühelos geschafft hat.

Souveränität ist eine ungemein nützliche Fähigkeit. Sie hilft Ihnen schwierige Situationen durchzustehen und sich dabei selbst treu zu bleiben. Für Führungskräfte ist Souveränität unverzichtbar. Ein unsouveräner Vorgesetzter macht eine klägliche Figur, er oder sie hat „schon verloren", wie man sagt. Aber auch für Mitarbeiter ist Souveränität sehr wichtig. Sie erleichtert den Umgang mit den Kollegen und hilft, sich gegenüber Vorgesetzten zu behaupten.

Nach unserm Verständnis ist Souveränität nicht so sehr eine Eigenschaft, die jemand hat, sondern eine Fähigkeit, die sich in bestimmten Situationen bemerkbar macht. Und zwar durch:

1 Selbstsicherheit: Wer souverän ist, strahlt Sicherheit aus. Er ist emotional stabil.

2 Unabhängigkeit: Souverän sein heißt seinem eigenen Urteil zu vertrauen und aus einer Situation herauszutreten, die bedrohlich erscheint.

3 Realistisches Selbstbild: Ein souveräner Mensch kennt seine Stärken und Schwächen. Er muss niemandem etwas vormachen, sondern bringt seine Stärken ins Spiel, er weiß aber auch, wo er nicht so brillant ist.

4 Zugewandtheit: Souveränität bleibt nicht auf sich selbst bezogen. Sie zeigt sich erst im Umgang mit anderen.

Selbstsicherheit ausstrahlen

Beispiel

 Frau Teubner sitzt in ihrem Büro. Herr Dauenhauer platzt herein und blafft sie an: „Und Sie sind natürlich auch noch nicht fertig?!" Frau Teubner schaut auf, drückt das Rückgrat leicht durch und erklärt mit fester Stimme: „Natürlich nicht, Ich habe ja erst gestern damit angefangen." – „Warum denn das?", fragt Herr Dauenhauer. Frau Teubner lehnt sich auf ihrem Stuhl zurück: „Ich habe erst gestern die Unterlagen bekommen." Herr Dauenhauer raunzt: „Was für ein Sauladen, hier!" Und marschiert wieder nach draußen.

Da hinterlässt Frau Teubner schon einen ganz anderen Eindruck. Sie tut eigentlich nichts anderes, als Selbstsicherheit auszustrahlen. Sie lässt sich nicht in die Haltung des ängstlichen Opfers hineinzwingen, sondern macht ihrem Chef unmissverständlich klar: „Mich können Sie nicht umpusten." Moment mal, aber der Chef ist doch in dieser Situation genauso wütend wie in unserm ersten Beispiel. Na und? Herr Dauenhauer ist schlecht gelaunt. Doch das ist *sein* Problem. Denn eines ist hoffentlich klar: Derjenige, der sich in unserm zweiten Beispiel nicht souverän benimmt, ist Herr Dauenhauer.

Beispiel

 Nach dem Abmarsch von Herrn Dauenhauer bemerkt eine Kollegin: „Was war denn mit dem los?" Darauf erwidert Frau Teubner: „Ach, der hat einfach nur schlechte Laune. Das wird schon wieder."

> **Tipp 1:**
> Wenn Ihr Gegenüber Sie respektlos behandelt, lassen Sie sich nicht in die Rolle des hilflosen Opfers hineindrängen. Versuchen Sie sachlich und ruhig zu bleiben. Allein dadurch strahlen Sie Selbstsicherheit aus und wirken souverän.

Sich nicht von Gefühlen überwältigen lassen

Selbstsichere Menschen lassen sich nicht so schnell von ihren Gefühlen mitreißen. Das bedeutet nicht, dass sie gefühlskalt sind oder ihre Gefühle unterdrücken; sie sind ihnen nur nicht ausgeliefert. Sie verfügen über die wichtigste Voraussetzung für „emotionale Intelligenz": Selbstbeherrschung.

Frau Teubner etwa empfindet vielleicht Angst oder Ärger, wenn Herr Dauenhauer sie so schroff anfährt. Doch sie lässt nicht zu, dass diese Empfindungen sie beherrschen. Denn mit so einer Reaktion würde sie die ganze Situation nur verschlechtern. Sie bleibt ruhig und zeigt durch ihre Selbstbeherrschung Stärke.

Kleine Schritte zu mehr Selbstsicherheit

Es ist nicht immer einfach, Selbstsicherheit auszustrahlen. Aber man kann es lernen. Sie dürfen nur nicht zu viel auf einmal erwarten. Selbstsicherheit muss wachsen. Am besten beginnen Sie, sich mit kleinen Gesten besser zu behaupten. Wie das gelingt, erfahren Sie in den nächsten drei Kapiteln. Sie lassen sich nicht mehr herumkommandieren. Schon darauf werden Ihre Mitmenschen reagieren. Und das macht Sie wiederum selbstsicherer.

> **Tipp 2:**
> Der erste Schritt zu mehr Selbstsicherheit: Sie entschließen sich, selbstsicherer zu werden.

Unabhängigkeit gewinnen

Beispiel

 Das gewohnte Szenario im Büro von Frau Teubner: Herr Dauenhauer raunzt: „Und Sie sind natürlich auch noch nicht fertig?!" Frau Teubner schaut verwundert auf: „Welche Laus ist Ihnen denn über die Leber gelaufen, Herr Dauenhauer?"

Souveränität bedeutet sich unabhängig zu machen von den anderen. Frau Teubner geht gar nicht auf den Vorwurf ein, der in der schroffen Frage von Herrn Dauenhauer steckt.

Dadurch lässt sie ihn ins Leere laufen. Sie tritt aus der Situation heraus und gibt dem Verhalten von Herrn Dauenhauer *ihre* Deutung.

Damit erreicht sie zweierlei:

- Sie weist den Vorwurf zurück, ohne sich zu rechtfertigen.
- Sie bringt ein neues Thema ins Spiel: Die Laune von Herrn Dauenhauer. Dadurch gerät der Vorwurf in den Hintergrund.

Sie legen gemeinsam die Situation fest

Situationen bilden den Rahmen, in dem wir handeln. Doch sind sie nicht einfach so „da", vielmehr erschaffen wir sie durch unser Verhalten, zusammen mit unserem Gegenüber. Wir einigen uns stillschweigend darauf, wie wir die Situation definieren, etwa als Kritikgespräch oder als Wutanfall. Diese Einigung brauchen wir, um überhaupt miteinander umzugehen. Sonst handeln und reden wir aneinander vorbei.

Daraus ergeben sich drei Szenarien:

- Jemand kann Sie in eine bestimmte Situation hineindrängen (oder Sie ihn), indem er so tut, als sei sie gegeben. Wenn Sie darauf reagieren, akzeptieren Sie seinen „Vorschlag", auf dieser Grundlage miteinander umzugehen.
- Sie können diesen „Vorschlag" ablehnen und einen „Gegenvorschlag" präsentieren oder ihn verändern – sodass er für Sie akzeptabel ist. Geht die Gegenseite darauf ein, haben Sie die Situation verändert.

- Können Sie sich nicht auf eine gemeinsame „Definition" der Situation einigen, hat es keinen Sinn, länger aneinander vorbeizureden. Sie sollten die Situation abbrechen.

Definieren Sie die Situation um

Sie können sich aus einer unangenehmen Situation ganz einfach dadurch befreien, indem Sie eine neue Deutung ins Spiel bringen. Dabei sollten Sie natürlich nicht willkürlich vorgehen. Die neue Deutung muss für Ihren Gesprächspartner nachvollziehbar sein. Denn er soll ja mitspielen.

Beispiel

 Herr Dauenhauer raunzt: „Und Sie sind natürlich auch noch nicht fertig?!" Frau Teubner blickt aus dem Fenster und seufzt: „Jetzt ist das schöne Wetter auch schon wieder vorbei."

Eine so kühne Neudefinition wird Ihnen kaum jemand durchgehen lassen. Vielmehr setzen Sie sich dem Verdacht aus, einfach ablenken zu wollen oder Ihr Gegenüber nicht ernst zu nehmen. Jedes Umdefinieren einer Situation kann für Ihren Gesprächspartner eine kleine Zumutung sein (wenn ihm die Änderung bewusst wird).

Besonders erfolgreich werden Sie daher die Situation umdefinieren, wenn der Eindruck entsteht, Ihre Äußerung folge aus dem, was Ihr Gegenüber gerade gesagt hat. So ist es vollkommen schlüssig, jemanden auf seine schlechte Stimmung anzusprechen, wenn er unvermittelt einen schroffen Ton anschlägt. Eine ganze Reihe von Schlagfertigkeitstechniken (etwa die Dolmetschertechniken, S. 98) arbeitet übrigens damit, die Situation umzudefinieren. Wie das funktionieren kann, haben Sie schon beim „Kniefall" von Herrn Küpper gesehen (S. 9).

> **Tipp 3:**
> Nehmen Sie eine unangenehme Situation nicht einfach als gegeben hin. Ändern Sie den Rahmen, indem Sie neue Aspekte ins Spiel bringen. Oder indem Sie aus der Situation heraustreten. Fragen Sie Ihr Gegenüber: „Warum verhalten Sie sich eigentlich so?".

Vertrauen Sie Ihrem eigenen Urteil

Beispiel

Die Marketing-Abteilung in der Kantine. Die neue Mitarbeiterin, Frau Peter, ist zum ersten Mal dabei. Thema ist Herrn Friedels neue, recht modische Brille. Der Marketingleiter, Herr Lemming, fragt sie: „Na, Frau Peter, ist das nicht ein schickes Modell?" „Ja, so eine finde ich absolut cool", antwortet Frau Peter. Darauf der Marketingleiter: „Also, um ehrlich zu sein, ich finde sie furchtbar hässlich." Und genau das war auch Frau Peters erster Gedanke.

Unabhängigkeit bedeutet auch, dass Sie sich nicht vorschnell anderen anpassen. Auch nicht denen, die mehr Macht, mehr Geld oder einen höheren Bildungsabschluss haben. Sie sollten den Mut haben, sich Ihr eigenes Urteil zu bilden und sich auf dieses Urteil zu verlassen.

Das heißt nun gerade nicht, dass Sie zum Sonderling oder Querulanten werden sollten. Die sind nämlich ebenso wenig souverän wie diejenigen, die ihr Fähnchen stets nach dem Wind hängen. Ein eigenes Urteil ist nicht unbedingt ein eigensinniges. Vielmehr erfordert es, dass Sie sich mit sich selbst auseinandersetzen, sich über Ihre Ziele klar werden und Ihre Umwelt halbwegs realistisch einschätzen. Ein eigenes Urteil trägt den Stempel Ihrer Persönlichkeit.

Tipp 4:
Nehmen Sie sich für Ihre nächste Entscheidung vor, sich von niemandem reinreden zu lassen. Fühlen Sie sich befreit und stark oder eher unsicher und allein gelassen? Ist letzteres der Fall, sollten Sie tiefer ansetzen und sich erst einmal darüber klar werden: Was will ich? Was sind meine Ziele?

Lassen Sie dem anderen seine Sicht der Dinge

Unabhängigkeit drückt sich nicht nur darin aus, dass Sie sich das Recht nehmen, sich Ihr eigenes Urteil zu bilden. Sie sollten auch damit leben können, dass Ihre Mitmenschen vieles anders sehen als Sie. Damit ist nicht gemeint, dass Ihnen die Meinungen anderer gleichgültig sein sollen. Souveräne Menschen sind sich darüber im Klaren, dass es unterschiedliche Perspektiven gibt und dass man niemandem seine Sicht der Dinge aufnötigen darf. Souveränität und Missionieren, das passt einfach nicht zusammen.

Tipp 5:
Es kann sehr entlastend sein, wenn Sie einfach akzeptieren, dass Ihr Gegenüber in manchen Fragen anderer Auffassung ist. Sie können ihn nicht ändern, Sie können zu ihm aber eine gute Beziehung aufbauen.

Die eigenen Stärken und Schwächen kennen

Beispiel

 Und noch einmal – Herr Dauenhauer fährt seine Mitarbeiterin an: „Und Sie sind natürlich auch noch nicht fertig?!" Frau Teubner richtet sich auf und erklärt: „Aber Herr Dauenhauer, Sie können mir alles Mögliche vorwerfen, aber bestimmt nicht, dass ich zu langsam arbeite, oder?" – „Na ja", entgegnet Herr Dauenhauer unbestimmt, murmelt noch etwas von einem „Sauladen" und verlässt das Büro.

Frau Teubner erinnert ihren Chef selbstbewusst daran, dass sie ihre Aufgaben zügig erledigt. Und seine übellaunige Bemerkung fällt in sich zusammen. Wer sich so über die eigenen Stärken und Schwächen im Klaren ist, der lässt sich nicht so leicht in Verlegenheit bringen. Dabei ist es gar nicht ausschlaggebend, ob der andere der Selbsteinschätzung nun zustimmt oder weiter herummäkelt. Wer souverän ist, kennt die eigenen Fähigkeiten gut genug, um sie nicht gleich in Frage zu stellen, wenn ein anderer sie nicht erkennt. Das heißt ausdrücklich nicht, dass Sie Ihre Fähigkeit zur Selbstkritik abschalten und sich einreden, dass Ihnen alles gelingt und Sie überhaupt der Größte, Beste und Erfolgreichste sind, wenn Sie nur fest genug daran glauben. Positives Denken verträgt sich nicht gut mit Souveränität. Zwanghafte Zweckoptimisten sind nun geradewegs das Gegenteil von souverän.

Souverän mit den Schwächen umgehen

Bekanntlich ist niemand vollkommen; wir alle haben unsere Schwächen. Zur Souveränität gehört, dass wir diese richtig einschätzen – also weder verleugnen noch dramatisieren – und einen Weg finden, mit ihnen umzugehen. So wirkt es nicht souverän, mit seinen eigenen Unzulänglichkeiten zu kokettieren oder sie ständig mit aufdringlicher Selbstironie zu betonen. Manche Mitmenschen fordert ein solches Verhalten erst heraus, Kritik zu üben oder unfaire Angriffe zu starten.

Beispiel

 Frau Pahle bittet ihre Kollegin Frau Knoll, eine komplizierte Rechnung eines Lieferanten noch einmal zu prüfen. Ein Zuschlagssatz erscheint ihr zu hoch. Frau Knoll: „Haben Sie nicht aufgepasst in der Grundschule? Wie war das noch mal mit dem Prozentrechnen?" Frau Pahle lacht: „Ach, ich bin im Rechnen einfach eine Niete." Darauf Frau Knoll: „Dass man hier für Nieten auch noch Geld ausgibt!"

Tipp 6:
Zwar ist es außerordentlich entwaffnend, wenn jemand seine Schwächen unumwunden zugibt, aber Sie sollten mit Ihren Schwächen nie hausieren gehen, nur um Sympathien zu ernten. Hier gilt es den weisen Ratschlag zu beherzigen: „Mach dich nicht so klein, du bist gar nicht so groß."

Schwächen ausgleichen

Es gibt vielfältige Möglichkeiten, mit seinen Schwächen souverän umzugehen. Sie können sie gezielt angehen und versuchen, ihre Fähigkeiten durch intensives Training zu verbessern, was etwa notwendig ist, wenn Sie diese beruflich brauchen. Aber Sie sollten auch realistisch genug sein zu

erkennen, dass Sie echte Schwächen nicht in Stärken verwandeln können und oft viel Aufwand treiben müssen, um
mittelmäßige Ergebnisse zu erreichen. Besser also, Sie belasten sich nicht mit Aufgaben, für die Sie ungeeignet sind,
sondern übertragen sie Leuten, die darin kompetenter sind.

> **Tipp 7:**
> Plagen Sie sich nicht mit Dingen herum, mit denen Sie sich nur bla-
> mieren. Viele werden sich geschmeichelt fühlen, wenn Sie ihre Hilfe in
> Anspruch nehmen, weil sie davon viel mehr verstehen als Sie.

Selbst- und Fremdbild abgleichen

Es ist ja richtig, dass souveräne Menschen nicht gleich in
Selbstzweifel geraten, wenn andere an ihnen herumkritisieren
oder sie sogar herunterputzen. Sie haben ein gesundes Selbstbewusstsein, sodass solche unfairen Angriffe an ihnen abperlen. Und doch zeigt die psychologische Forschung zweierlei:

- Unsere Mitmenschen können uns in aller Regel treffender
  einschätzen als wir uns selbst. Sie können zuverlässiger
  voraussagen, wie wir uns verhalten werden.

- Unser Selbstbild hängt sehr stark davon ab, was die anderen von uns denken. Menschen, die die Meinung der anderen vollkommen ignorieren, erleiden häufig einen starken
  Realitätsverlust.

Wie passt das zusammen? Nun, wir müssen unterscheiden: Es
gibt gehässige Bemerkungen, die uns verletzen sollen, achtlos
hingeworfene Kränkungen, die der andere äußert, weil er
schlecht gelaunt ist. Und es gibt plumpe Fehlurteile, die jemand trifft, obwohl er keine Ahnung hat. Die sind nicht ernst

zu nehmen. Doch bekommen wir tagtäglich von unseren Mitmenschen auch Rückmeldungen auf das, was wir sagen und tun. Wir werden für unser Tun gelobt oder angelächelt, wir ernten ein Stirnrunzeln oder harsche Kritik. Oder wir werden einfach ignoriert. Nicht alles dürfen wir auf die Goldwaage legen. Trotzdem ergeben alle Rückmeldungen zusammen genommen ein relativ zutreffendes Bild von dem, was wir gut können und was uns weniger gut gelingt.

Souveräne Menschen haben feine Antennen dafür, welchen Eindruck sie bei anderen hervorrufen. Sie nehmen diese Eindrücke auf und ordnen sie in ihr Selbstbild ein. Einordnung ist der entscheidende Begriff, denn sie haben bereits ein stabiles Selbstbild, das es ihnen ermöglicht, Rückmeldungen richtig zu bewerten und voreingenommene Urteile zu relativieren. Sie haben ihre Mitte gefunden. Daher wirft sie auch ein vernichtendes Einzelurteil nicht um. Ebenso wenig lassen sie sich von Schmeicheleien einlullen.

Beispiel

 Gleiche Situation wie eben: Frau Pahle geht mit einer komplizierten Rechnung zu Frau Knoll. „Na, haben Sie nicht aufgepasst in der Grundschule? Wie war das noch mal mit dem Prozentrechnen?" Frau Pahle: „Das Prozentrechnen ist nicht mein Hauptproblem. Sondern so ‚hilfsbereite' Kolleginnen wie Sie."

Tipp 8:
Nehmen Sie Ihre Schwächen und Stärken ins Visier. Schärfen Sie Ihr Selbstbild, indem Sie mit Menschen sprechen, die Sie relativ gut kennen, etwa Ihre Freunde oder Kollegen, zu denen Sie ein Vertrauensverhältnis haben.

Sich dem anderen zuwenden

Beispiel

> Ein letztes Mal: Herr Dauenhauer reißt die Tür von Frau Teubners
> Büro auf und poltert: „Und Sie sind natürlich auch noch nicht
> fertig?!" Frau Teubner schaut verwundert auf: „Was ist denn mit
> Ihnen passiert? So habe ich Sie ja noch nie erlebt, Herr Dauen-
> hauer. Gibt es Probleme mit unserem Auftrag?" – „Das können Sie
> wohl sagen!", schnaubt Herr Dauenhauer. „Unsere ganze Abtei-
> lung hat gepennt!" – „Ach, erzählen Sie mal", sagt Frau Teubner.

Manche Menschen sind ohne Zweifel unabhängig, selbstsicher und kennen auch ihre Qualitäten sehr genau. Und doch
fehlt ihnen eine wichtige Fähigkeit, um wirklich souverän zu
sein. Sie sind zu sehr auf sich selbst bezogen. Ihre Mitmenschen sind ihnen eher gleichgültig, und das lassen sie die
anderen auch spüren. „Es ist mir egal, was ihr denkt. Hauptsache, ich bin mit mir im Reinen." Das ist nun gewiss nicht
souverän. Denn zur Souveränität gehört, dass man seinen
Mitmenschen gegenüber grundsätzlich aufgeschlossen ist
und Anteil an dem nimmt, was sie denken und treiben.

Die zwei Spuren jeder Beziehung

Der Mediziner und Neurobiologe Joachim Bauer hat in seinem Buch „Prinzip Menschlichkeit" (s. Literaturverzeichnis,
S. 250) ein einprägsames Bild dafür gefunden. Er schreibt,
dass jede Beziehung ein „zweispuriger Weg" sein sollte:

- Fahrspur: Wir müssen unsere eigene Spur verfolgen. Dazu
  gehört auch, dass wir uns als Person zu erkennen geben.
  Und dass wir uns bemühen, verstanden zu werden.

- Gegenspur: Wir müssen den anderen im Auge behalten, auf ihn achtgeben. Dazu gehört auch, dass wir ihm zeigen, dass wir uns für ihn interessieren.

Wie Bauer weiter ausführt, ist bei vielen Menschen die eigene Spur etwas „breiter" geraten. Sie interessieren sich vornehmlich für sich selbst und erwarten von den anderen, dass sie an ihrem Leben Anteil nehmen. Bis zu einem gewissen Grad ist das akzeptabel. Doch wenn solche Menschen nie auf die „Gegenspur" achten, kommt man mit ihnen nur schwer aus. Auf der anderen Seite vernachlässigen manche die eigene Spur. Als „Dauer-Versteher" gehen sie ganz darin auf, anderen zu helfen oder sie zu belehren.

> **Tipp 9:**
> Behalten Sie in der Beziehung zu Ihren Mitmenschen beide „Fahrspuren" im Blick: Kümmern Sie sich um Ihren Weg und signalisieren Sie den anderen, dass sie Ihnen nicht egal sind.

Echtes Interesse ist nicht zweckgebunden

Nun kann es verschiedene Motive für unser Interesse geben: Wir können jemanden einfach im Auge behalten wollen, weil sein Handeln und Denken für uns wichtig ist. Zum Beispiel weil er uns nützlich sein könnte oder uns zu schaden droht. Von diesem stark zweckgebundenen Interesse ist ein tieferes, ein „echtes" Interesse zu unterscheiden, das den anderen nicht als Mittel betrachtet, die eigenen Ziele zu erreichen. Vielmehr geht es darum, den anderen als Persönlichkeit wahrzunehmen und zu respektieren. Genau dieses Interesse zeichnet souveräne Menschen aus. Und es ist genau dieses

Interesse, das von unseren Mitmenschen geschätzt, ja, sogar ersehnt wird. Während ein Wissensdurst, der von klaren Absichten gespeist wird, eher als zudringlich oder kränkend empfunden wird.

Interesse souverän dosieren

Echtes Interesse heißt nun gerade nicht, alles und jeden „interessant" zu finden. Die Souveränität besteht darin, sein Interesse richtig zu dosieren. Auch eine kleine Portion Interesse kann Ihre Mitmenschen für Sie einnehmen, zumal wenn sie keine Pflichtübung, sondern ehrlich gemeint ist. Wie immer Sie die Dosierung vornehmen, sie ist Ausdruck Ihrer persönlichen Wertschätzung. Wer Ihnen also nahe steht, „verdient" einfach mehr Interesse und Zuwendung als andere.

Die Minimalform von Interesse besteht darin, den anderen überhaupt wahrzunehmen. Überraschenderweise lassen es gerade Führungskräfte manchmal daran fehlen. Wer ihnen lästig ist, durch den sehen sie einfach hindurch. Mitarbeiter, die sie mit einer unangenehmen oder „dummen" Frage behelligen, wimmeln sie ab. Dieses Verhalten drückt starke Missachtung aus – und ist ausgesprochen unsouverän.

> **Tipp 10:**
> Auch wenn Ihnen bestimmte Menschen lästig fallen, sollten Sie sie nicht ignorieren. Erklären Sie ihnen knapp und höflich, dass Sie keine Zeit oder kein Interesse an einem Gespräch haben. Das muss die betroffene Person respektieren. Erst wenn sie Ihren Wunsch missachtet, dürfen Sie durch sie „hindurch sehen". Besser noch: Sie entfernen sich.

Souverän durch Stimme und Körpersprache

Damit schlagfertige Antworten auch richtig „sitzen", muss Ihre Körpersprache angemessen sein. Aber auch mit Ihrer Stimme können Sie die Wirkung Ihrer Worte erheblich steigern.

In diesem Kapitel lesen Sie,

- welche Signale Sie mit Ihrem Körper aussenden und ob Sie diese beeinflussen können (ab S. 26) und

- in welcher Haltung (S. 28), mit welcher Gestik (S. 34), Mimik (S. 36) und Stimme (S. 38) Sie einen Angriff wirkungsvoll parieren.

Der Körper spricht mit

Beispiel

„Guten Tag", begrüßt Herr Horsthemke die Besucher an seinem Messestand. „Dürfte ich Sie mit unserem neuen innovativen Duschkopf bekannt machen? Sie werden begeistert sein!" – Doch niemand möchte mit dem innovativen Duschkopf Bekanntschaft schließen. Warum nur? Herr Horsthemke sitzt mit verschränkten Armen zurückgelehnt an einem Tisch mit den Katalogen. Jedes Mal, wenn ein Besucher vorbeikommt, hält er drohend einen Prospekt hoch und ruft angestrengt seine Botschaft hinaus. Von Mal zu Mal klingt es noch ein wenig verzweifelter

Eigentlich ist es ja ein alter Hut. Es kommt nicht nur darauf an, was wir sagen, sondern ebenso wichtig ist, wie wir das tun. Und bei diesem Wie spielt die Körpersprache eine ganz entscheidende Rolle. Wer sich wie Herr Horsthemke hinter seinem Messestand verschanzt, darf sich nicht wundern, wenn er niemanden anlockt. Denn die Körpersprache ist das Fundament, auf dem wir alles aufbauen, was wir sagen. Ist das Fundament wackelig, gerät auch der Aufbau ins Rutschen.

Durch Ihre Körperhaltung, durch Ihre Gesten drücken Sie aus, was Sie meinen. So gesehen handelt es sich nicht um eine eigene Sprache des Körpers, sondern Sie „verkörpern" buchstäblich das, was Sie sagen. Sie geben Ihren Worten – hoffentlich überzeugenden – Ausdruck.

Dabei können Sie durch Ihre Körpersprache Akzente setzen, nuancieren, Aussagen abschwächen oder ihnen Glaubwürdigkeit verleihen. Sie können zeigen, dass Sie engagiert bei der

Sache sind oder dass Sie langsam die Geduld verlieren. Sie können Ihrem Gegenüber zu verstehen geben, dass Sie aufbrechen möchten, dass Sie unbedingt das Wort ergreifen wollen oder dass Sie jetzt vollkommen entspannt sind. Und so verwenden Sie die Körpersprache auch jeden Tag – umso überzeugender, je weniger Sie darüber nachdenken. Gesten, von denen wir annehmen, dass sie jemand bewusst einsetzt, wirken leicht hölzern, künstlich, aufgesetzt.

Der verräterische Körper

Mit Ihrem Körper senden Sie ständig Signale aus. Meist sind Sie sich dieser Signale gar nicht bewusst. Oder haben Sie darüber nachgedacht, wie Sie sich hinsetzen sollen, um dieses Buch zu lesen? Dennoch drücken Sie mit Ihrer Körperhaltung immer etwas aus. Würden wir über diese Signale nachdenken, könnten wir sie ohne Probleme in die von uns gewünschte Richtung steuern. Aber es gibt viele Signale, die können wir kaum kontrollieren. Im Gegenteil, je stärker wir dagegen ankämpfen, desto weniger lässt sich ihr Zustand verbergen.

Beispiel

 Martin Poll muss zum ersten Mal in seiner Laufbahn vor der gesamten Geschäftsführung referieren. Als er nach vorne tritt, spürt er die Aufregung. Schweißperlen bilden sich auf seiner Stirn, sein Puls fängt an zu rasen. Als er den Projektor anschaltet, um die Präsentation zu starten, passiert erst einmal gar nichts. Er spürt, wie ihm die Röte ins Gesicht schießt

Körpersprache ist etwas ganz Fundamentales, sie ist ursprünglicher als alles, was wir mit Worten ausdrücken. Daher ist sie auch überzeugender. Wenn Ihnen jemand mitteilt, er sei „zutiefst erschüttert" und seine Mimik sendet eine ganz andere Botschaft aus, werden Sie ihm keinen Glauben schenken. Auch wenn er im Ausdruck neutral bleibt, werden Sie ihm die Sache nicht ganz abnehmen. Wenn er hingegen gar nichts sagt und einfach nur in sich gekehrt zu Boden starrt, wissen Sie weit zuverlässiger, wie sehr ihm die Sache nahe geht.

Tipp 11:
Schärfen Sie Ihre Wahrnehmung für körpersprachliche Signale. Achten Sie im Alltag bewusst auf kleine Gesten, Körperhaltung, Hände. Leihen Sie sich einen Film aus, den Sie noch nicht kennen. Stellen Sie bei einer Gesprächsszene den Ton ab. Versuchen Sie an der Körpersprache abzulesen, über was gesprochen wird. Kontrollieren Sie später, ob Sie Recht hatten.

Eine Frage der Haltung

Wie Sie bei jemandem ankommen, das entscheidet sich bereits durch Ihre Körperhaltung. Wer sich mit verschränkten Armen zurücklehnt wie Herr Horsthemke, der signalisiert: Ich blocke ab. Er darf sich nicht wundern, wenn auch interessierte Messebesucher nicht auf ihn zukommen. Hingegen wirkt es einladend, wenn Sie mit offenen Armen auf jemanden zugehen – so wie es die Showmaster im Fernsehen tun. Dabei kommt es auch hier auf die richtige Dosierung an: Gerät die Geste zu übertrieben, wirkt das eher aufdringlich.

Körperspannung und Bewegung

Unsere Körperhaltung ist nichts Statisches. Damit wir sie richtig deuten können, müssen wir den Körper in Bewegung sehen. Wie ruckartig oder fließend sind die Bewegungen? Sind sie bedächtig oder eher hektisch? Sind sie fein und geschmeidig oder eher unbeholfen? Wirken sie übertrieben oder zurückgenommen? Und auch wenn sich jemand gar nicht rührt, sondern stocksteif und starr vor uns steht, machen wir uns unseren Reim auf diesen Menschen.

Überhaupt ist eine der wichtigsten Informationen für uns, welche Körperspannung in unserem Gegenüber steckt. Natürlich ist die angemessene Körperspannung situationsabhängig. Wirkt jemand bei einem Vortrag schlapp wie ein nasses Handtuch, wird er uns nicht sehr beeindrucken. Das heißt aber auch, dass wir so jemanden leicht unterschätzen. Wer hingegen allzu angespannt wirkt, der macht uns unruhig. Wir rechnen damit, dass sich seine Energie womöglich auf unangenehme Weise entlädt.

Für den beruflichen Alltag empfiehlt sich eine mittlere bis leicht erhöhte Spannung. Fehlende Spannung kann Ihren Vorgesetzten oder Ihre Kollegen regelrecht provozieren. Sie wirken schlaff und antriebslos.

Äußere und innere Haltung

Beispiel

 Herr Horsthemke steht hinter seinem Messestand. Seine Knie federn leicht. In der linken Hand schwingt er einen Prospekt. „Guten Tag", begrüßt er lächelnd eine Besucherin. „Darf ich Ihnen unseren neuen innovativen Duschkopf vorstellen?" Die Besucherin lächelt zurück. „Sie werden begeistert sein", verspricht Herr Horsthemke strahlend. „Na, da bin ich aber gespannt", lacht die Besucherin.

Welche Gefühle wir haben, bringen wir durch unsere Körpersprache zum Ausdruck. Dadurch bekommen die anderen einen bestimmten Eindruck von uns. Das Erstaunliche ist jedoch, dass unsere Haltung umgekehrt auch auf unser inneres Erleben zurückwirkt. Sie kennen das vielleicht aus Stress-Situationen. Sie sind verunsichert, Ihr Körper spannt sich an, Ihr Atem wird flacher, Ihr Mund wird trocken. Dadurch fühlen Sie sich noch elender, bringen kaum etwas heraus. Zum Glück geht es aber auch andersherum.

Beispiel

 Martin Poll fühlt sich gut – er kann der Geschäftsleitung ein Erfolg versprechendes Konzept vorlegen. Er tritt selbstbewusst und in aufrechter Haltung nach vorn. Während seines Vortrags blickt er immer wieder ins Publikum und merkt, wie seine Zuhörer sich für ihn interessieren. Das macht ihn noch sicherer. Er redet mit fester Stimme, äußert mit der größten Selbstverständlichkeit Dinge, die ihm vorher nie eingefallen wären. Er hält sich für überzeugend, und er ist es auch.

Das bedeutet also: Wir können durch unsere Körperhaltung Einfluss darauf nehmen, wie wir uns fühlen, wie wir Situationen erleben und welche Gedanken uns durch den Kopf gehen.

> **Tipp 12:**
> Nehmen Sie eine Körperhaltung ein, durch die Sie Zuversicht und Energie ausstrahlen. Machen Sie sich eher groß als klein. Sitzen Sie niemals zusammengesunken da, sondern richten Sie sich auf.

So stehen Sie richtig

Der Evolutionsbiologe Josef Reichholf hat darauf hingewiesen, dass sich der Mensch vom Affen in seinem Körperbau vor allem durch seine Beine unterscheidet. Von unserer äußeren Gestalt her gesehen machen uns erst die Beine zum Menschen, während wir nabelaufwärts noch halbe Affen sind. Kein Wunder also, dass ein sicherer Stand für eine gute Haltung unerlässlich ist. Dabei sollten Sie die folgenden Punkte beachten:

- Stellen Sie Ihre Füße nicht zu eng zusammen. Die Schuhe sollten sich auf keinen Fall berühren. Geschlossene Beine wirken so, als wären Sie ein Befehlsempfänger.

- Wenn Sie zu breitbeinig dastehen, sieht das provozierend aus. Je nach Körpergröße empfiehlt sich ein Abstand zwischen sieben und zwölf Zentimetern.

- Die Fußspitzen dürfen nicht nach innen zeigen. Das sieht etwas hilflos aus. Drehen Sie Ihre Füße hingegen leicht nach außen, ist das genau richtig.

- Überkreuzte Beine im Stehen wirken sehr zurückgenommen. Allenfalls wenn Sie zuhören, sollten Sie eine solche Stellung einnehmen.

- Stehen Sie frei. Lehnen Sie sich nicht an und vermeiden Sie, dicht mit dem Rücken zur Wand zu stehen. Wenn Sie als Redner an einem Stehpult sprechen, klammern Sie sich nicht daran fest.

- Versuchen Sie gerade zu stehen. Eine aufrechte Haltung wirkt wesentlich stärker und überzeugender, als wenn Sie den anderen gebeugt gegenübertreten.

Tipp 13:
Manche Menschen ziehen es vor, ein Bein besonders stark zu belasten, während sie das andere als ihr „Spielbein" nur leicht aufsetzen. Dadurch bekommt der Stand eine gewisse Flexibilität und Leichtigkeit, die in manchen Situationen vorteilhafter erscheint als ein fester, etwas statischer Stand auf beiden Beinen. Allerdings sollten Sie dann darauf achten, immer wieder ein wenig abzuwechseln, damit Sie Ihr Standbein nicht überlasten.

Wohin mit den Händen?

Ein schwieriges Thema, vor allem wenn Sie einen längeren Redebeitrag leisten müssen: Was fangen Sie nur mit Ihren Händen an? Lassen Sie sie einfach herabhängen, sieht das unvorteilhaft aus. Arme verschränken und Hände verstecken wirkt abweisend. Manche kneten auch ihre Hände gegeneinander, wenn sie sprechen, was ein wenig onkelhaft aussieht. Und schließlich gibt es noch diejenigen (in aller Regel Männer), die mindestens eine Hand in ihre Hosentasche stecken, um ihrer Erscheinung eine gewisse Lässigkeit zu geben. Was je nach Situation und Geräumigkeit der Tasche mehr oder weniger überzeugend gelingt.

Am gefahrlosesten ist es immer noch, wenn Sie die Arme leicht anwinkeln und Ihre Ausführungen dann und wann mit einer Geste unterstreichen. Hin und wieder können Sie die Hände auch ineinander legen – aber bitte vor dem Bauch und nicht hinter dem Rücken. Manche spielen mit einem Stift oder einer Brille herum, um gegen ihre Nervosität anzukämpfen. Das kann zwar helfen, doch sollten Sie wissen: Es sieht einfach nicht gut aus.

So sitzen Sie gut

In den meisten Berufen verbringen wir die längste Zeit in sitzender Haltung. Auch hier können Sie mehr oder weniger überzeugend und selbstsicher wirken:

- Klemmen Sie Ihre Füße nicht hinter die Stuhlbeine. Das wirkt verkrampft oder nervös. Sie sollten Ihre Füße nach Möglichkeit überhaupt nicht unter die Sitzfläche ziehen.

- Schlagen Sie nach Möglichkeit die Beine nicht übereinander. Damit nehmen Sie sich zurück. Allerdings fühlen sich manche Frauen in dieser Sitzposition am wohlsten, was wiederum ein starkes Argument ist.

- Nutzen Sie die gesamte Sitzfläche und setzen Sie sich nicht nur auf den Rand. Sonst wirken Sie verschüchtert oder so, als würden Sie am liebsten gleich wieder gehen.

- Meiden Sie weiche Sitzmöbel, Polstersessel, in die Sie einsinken, oder Sofas, aus denen Sie sich nur mühsam hochrappeln können. In einer solchen Sitzhaltung ist Ihre Fähigkeit, sich zur Wehr zu setzen, stark eingeschränkt.

- Halten Sie mit beiden Füßen Bodenkontakt, setzen Sie sie nebeneinander vor die Sitzfläche. Idealerweise bilden Ober- und Unterschenkel einen Winkel, der etwas stumpfer ist als der rechte Winkel (also größer als 90°).

> **Tipp 14:**
> Werden Sie verbal angegriffen, wenden Sie sich mit Ihrem Oberkörper dem Angreifer zu. Vermeiden Sie, dass Sie Ihren Kopf verdrehen müssen. Rücken Sie lieber Ihren Stuhl zurecht. Beugen Sie sich ein wenig vor. So können Sie sich besser konzentrieren.

Mit Gesten überzeugen

Sie können die Wirkung Ihrer Aussagen beträchtlich erhöhen, indem Sie sie mit Gesten unterstreichen, also Ihre Hände zu Hilfe nehmen. In seltenen Fällen können Gesten auch das gesprochene Wort ersetzen – wenn sie eindeutig sind und einen unfairen Angriff zum Beispiel erschöpfend kommentieren. Doch von solchen Gesten sollten Sie lieber Abstand nehmen. Hilfreicher sind solche, mit denen Sie das Gesagte zusätzlich hervorheben und kommentieren können. Was Ihnen wichtig ist, das unterstreichen Sie durch eine passende Geste. Doch was ist das eigentlich, eine passende Geste? Das ist gar nicht so leicht zu beantworten, denn Gesten sind sehr stark kulturell geprägt. In manchen Gesellschaftsschichten und Kulturkreisen wird stärker gestikuliert, in anderen gilt häufiges, heftiges Gestikulieren als unseriös oder aufdringlich.

Gestikulieren – wo?

Die Kommunikationstrainerin Nadine Kmoth unterscheidet drei Ebenen, auf denen wir gestikulieren:

- Die obere Ebene befindet sich auf Kopfhöhe: Hier gestikulieren wir, wenn wir um Vertrauen werben und jemanden vor uns haben, den wir schätzen. Auch besonders eindringliche Appelle unterstreichen wir dadurch, dass wir die Hände in die Höhe unseres Kopfes heben.

- Die mittlere Ebene befindet sich zwischen Brust- und Bauchhöhe. Hier werden die Gesten etwas neutraler. Geht es betont sachlich zu, ist dieser Bereich zu bevorzugen. Er eignet sich auch dazu, allzu große Gesten abzudämpfen. Und schließlich ist es auch der Bereich für die Gesten, die nicht ganz so wichtig sind (niemand kann nur auf der oberen Ebene gestikulieren).

- Die untere Ebene befindet sich auf Hüfthöhe. Hier können Sie zum Ausdruck bringen, dass Sie emotional nicht besonders beteiligt sind. Oder dass Sie Ihren Gesprächspartner eher gering schätzen.

Vermeiden Sie verräterische Gesten

Besonders interessant, aber auch gefährlich sind solche Gesten, die der Verhaltensforscher Peter Collett „Tells" genannt hat (*to tell* = erzählen). Weil sie uns über denjenigen, der sie verwendet, etwas „erzählen" – was demjenigen häufig gar nicht recht ist. So gilt es für Collett als verräterische Geste,

wenn jemand den Finger an den Mund legt. Das könnte nämlich bedeuten, dass er gerade die Unwahrheit sagt. Aber auch
Unsicherheitsgesten wie das Schulterzucken und das Kopf-
wackeln, „Gewaltgesten" wie Faustschläge oder Würgegriffe
verraten oft mehr über den Sprecher, als ihm lieb ist. Ebenfalls stark in Verruf geraten ist der Gebrauch des Zeigefin-
gers. Er gilt als Geste der Oberlehrer und Besserwisser. Daher
empfiehlt es sich, auf solche Gesten bewusst zu verzichten.

> **Tipp 15:**
> Bei vertrauensbildenden Gesten kehren Sie Ihrem Gesprächspartner
> „weiche" und verletzliche Seiten zu: die Handflächen, den Innenarm,
> Bauch und Brust, ohne die Arme davor zu verschränken. Bei abweisenden
> Gesten kehren Sie dem anderen Ihre „harten Seiten" zu: den Handrücken,
> den Außenarm, den Ellenbogen, die Schultern, den Rücken.

Die Mimik

Wer in Ihr Gesicht schaut, bekommt einen Einblick, was in
Ihnen gerade vor sich geht. Doch unser Gesicht ist nicht nur
ein Spiegel unseres Innenlebens, wir sind auch meisterhaft
darin geschult, in Gesichtern zu „lesen". Wir nehmen selbst
subtile Veränderungen wahr und sind in der Lage, sie zutref-
fend zu deuten.

Beispiel

 So können viele ein falsches Lächeln von einem echten unterscheiden – ohne dass sie sagen könnten, worin dieser Unterschied
besteht. Aber tatsächlich gibt es einen: Beim falschen Lächeln
werden bestimmte Muskeln nicht angespannt, weil wir sie nämlich nicht willentlich beeinflussen können.

Zeigen Sie nicht Ihr „Angstgesicht"

Werden Sie angegriffen, dann geht es zunächst einmal darum, dass Sie nicht in Panik geraten und Ihnen die Gesichtszüge „entgleisen". Denn dann werden Sie zu einer schlagfertigen Antwort gar nicht in der Lage sein, sondern allenfalls eine kleinlaute Bemerkung murmeln. Wie Sie aus dieser Blockade herauskommen, ist Thema des nächsten Kapitels. Hier nur so viel: Versuchen Sie Ihre Mimik so weit zu steuern, dass Sie nicht die Augen aufreißen, die Augenbrauen nach oben und die Mundwinkel nach unten ziehen. Wenn Sie auch noch den Mund aufsperren, dann wäre das „Angstgesicht" perfekt, das Sie noch weiter lahm legt und Ihrem Angreifer das triumphale Gefühl beschert, dass er Sie getroffen hat.

> **Tipp 16:**
> Versuchen Sie bloß nicht, sich nach einem unfairen Angriff in ein Lächeln zu retten. Das tun zwar viele, aber die Wirkung ist fatal. Sie zeigen einen Gesichtsausdruck, den der Emotionsforscher Paul Ekman als „elendes Lächeln" beschrieben hat. Es ist Ausdruck tiefer Machtlosigkeit.

Dem Angreifer in die Augen sehen

Wenn Sie mit jemandem sprechen, dann schauen Sie ihn an, und zwar in die Augen. Dadurch schlagen Sie eine Brücke zu ihm. Sonst können Sie ihn gar nicht erreichen. Wer dem anderen nicht in die Augen schauen kann, der verabscheut ihn entweder so sehr, dass er für ihn nicht existiert. Oder aber er fühlt sich ihm so sehr unterlegen, dass er befürchtet, der Blick des anderen könnte ihn vernichten.

Die einzige Schlussfolgerung, die wir daraus ziehen können: Wenn Sie jemandem schlagfertig antworten, dann *müssen* Sie ihm in die Augen schauen. Sonst stürzt Ihre Antwort ab. Nur so können Sie feststellen, ob der Blick des anderen auch so vernichtend ist, wie Sie befürchtet haben.

> **Tipp 17:**
> Wenn Sie antworten, suchen Sie den Blickkontakt. Schauen Sie dem anderen direkt in die Augen. Bereits das kann ihn entwaffnen. Wenn er wegschaut, haben Sie schon halb gewonnen. Jetzt feuern Sie Ihre schlagfertige Erwiderung auf ihn ab. Schauen Sie ihn dabei an. Und dann wenden Sie Ihren Blick wieder ab. Unter Umständen können Sie dieses Abwenden noch mit einer Körperdrehung unterstreichen. Damit signalisieren Sie: Die Sache ist für mich abgeschlossen.

Die Kraft Ihrer Stimme

Wenn Ihre Stimmte nicht passt, geht auch die treffendste Bemerkung daneben. Ist die Stimme zu schrill, zu dünn, zu blechern, zu leise oder zu vernuschelt, nehmen Sie einer schlagfertigen Antwort viel von ihrer Wirkung. Aber es geht nicht nur darum, artikuliert und laut zu sprechen. Mit Ihrer Stimme „färben" Sie Ihre Mitteilung ein. Und das eröffnet Ihnen interessante Möglichkeiten.

Beispiele

 So können Sie die größte Gemeinheit in zuckersüßem Ton vortragen, dass der andere es Ihnen nicht einmal übel nimmt. Oder aber Sie tarnen die Frechheit als fröhlichen Witz. Das klappt meist noch besser. Eine weitere Möglichkeit besteht darin, die größte Banalität so ernsthaft vorzutragen, dass Ihr Gegenüber ganz nachdenklich wird.

> **Tipp 18:**
> Der Ton macht die Musik. Sie werden wenig Wirkung erzielen, wenn Sie mit zittriger ängstlicher Stimme sprechen. Antworten Sie hingegen in einem ruhigen, selbstbewussten Ton, können Sie fast alles äußern und wirken niemals schwach.

Piepsen und bellen vermeiden

Doch häufig gelingt der Einsatz der Stimme nicht so überzeugend, wenn sich Menschen gegen einen Angriff zu Wehr setzen wollen. Der Grund: Sie stehen unter Stress und verkrampfen sich. Das macht ihre Stimme schrill und eng. Manche Frauen fangen an zu „piepsen", während manche Männer in ein „Bellen" verfallen, das zwar laut, aber eben nicht stark, sondern nur angestrengt klingt.

Eine schlagfertige Antwort hört sich anders an. Die Stimme darf nicht zu laut, aber auch nicht zu leise sein. Nicht zu hoch und nicht zu tief. Am besten ist es, wenn es Ihnen gelingt, Ihren so genannten „Schokoladenton" zu treffen. Damit ist die optimale Tonhöhe gemeint, die Sie daran erkennen, dass Ihre Stimme weich und kräftig zugleich klingt. Auf dieser Tonhöhe erzeugen Sie in Ihrem Körper die größte Resonanz. Und weil wir alle unterschiedlich gebaut sind, gibt es auch unterschiedliche „Schokoladentöne".

> **Tipp 19:**
> Ihren „Schokoladenton" finden Sie, indem Sie Ihre Hand auf den Brustkorb legen und ein lang gezogenes „Ooooh" vernehmen lassen. Dabei verändern Sie gleitend die Tonhöhe. Der Ton, bei dem Sie die kräftigsten Vibrationen spüren, ist der gesuchte.

Schlagfertig im Dialekt

Manche, die einen Dialekt sprechen, weichen bei ihren Antworten ins Hochdeutsche aus, was sich dann manchmal etwas hölzern anhört. Nun ist es schon richtig, Dialekt wird von vielen nicht richtig verstanden. Und doch können wir Ihnen nur zuraten: Gebrauchen Sie ruhig Ihre Mundart. Die Antworten werden Ihnen dann leichter über die Lippen gehen. Außerdem bekommt der Gegenschlag dadurch mehr Würze.

Richtig atmen

Die Atmung bildet das Rückgrat Ihrer Stimme. Sie sprechen, während Sie ausatmen; wenn Sie Luft holen, entsteht eine Pause. Diese Pausen gliedern Ihren Redefluss. Haben Sie genügend Luft, können Sie in weiten Bögen sprechen. Ein langer, ruhiger, tiefer Atem ist ein guter Sprechatem.

Wenn wir uns aufregen, geschieht jedoch das Gegenteil. Wir werden kurzatmig, und das verstärkt unsere Aufregung noch. Wir schnappen nach Luft. Dieses panikhafte Atmen kann regelrechte Angstzustände auslösen. Daher ist es wichtig, nicht in diese Falle hineinzugeraten.

> **Tipp 20:**
> Konzentrieren Sie sich bei Stress auf Ihre Atmung. Atmen Sie bewusst ganz langsam und ruhig. Wenn das nicht gleich funktioniert, versuchen Sie, erst einmal alle Luft, die in Ihren Lungen ist, bewusst auszuatmen – und dann lassen Sie die Einatmung einfach „kommen". Auf diese Weise können Sie Ihren Stress buchstäblich wegatmen.

Die Blockade verstehen und durchbrechen

„Schlagfertigkeit ist etwas, worauf man erst 24 Stunden später kommt", wusste schon Mark Twain. Schade eigentlich. Denn wenn uns jemand unvermutet verbal angreift, wollen wir doch gerne gleich zurückschießen.

In diesem Kapitel lesen Sie

- warum und wie Blockaden entstehen (S. 42) und wie es Ihnen gelingt, sie zu durchbrechen (S. 46),
- und wie Sie mit Humor (S. 51) oder einer kleinen Portion Bosheit (S. 53) zu einer prompten Reaktion finden.

Hilfe, Schlagfertigkeit gebraucht!

Beispiel

> Frau Honert geht in ein Kaufhaus und wendet sich an eine Ver-
> käuferin: „Entschuldigen Sie, wo gibt es hier Batterien?" Die
> Verkäuferin mustert sie von oben bis unten und sagt im verächtli-
> chen Ton: „Na, was denken Sie, wo soll es hier wohl Batterien
> geben? In der Elektroabteilung natürlich!" Frau Honert schluckt
> trocken. Sie möchte etwas erwidern. Aber ihr fällt nichts ein. So
> geht sie wortlos zur Rolltreppe und schaut auf der Übersichtstafel
> nach, wo sich die Elektroabteilung befindet. Sie fühlt sich gede-
> mütigt. „Ich hätte ihr wenigstens sagen sollen, dass ich diesen Ton
> unmöglich finde", denkt Frau Honert. „Ich hätte sie fragen sollen:
> Reden Sie immer so mit Ihren Kunden?"

Jeder kennt das Gefühl: Da wird man von irgendeiner Frechheit
überrascht und will etwas sagen – einen Satz, der die Situation
auf einen Schlag klärt. Einen Satz, der dem anderen deutlich
macht, dass man sich nicht alles bieten lässt. Einen Satz, der
einem das dahinschmelzende Selbstwertgefühl zurückgibt.

Doch dieser Satz, dieser dringend benötigte Satz will uns
einfach nicht einfallen. Zumindest nicht, solange wir ihn
brauchen. Wir reagieren irgendwie hölzern oder bringen
keinen Ton heraus. Und dann, wenn die Situation vorüber ist,
fällt uns ganz sicher ein, was wir hätten sagen können. Häufig ist das nichts Brillantes, aber immerhin besser als das,
was wir hervorgestammelt haben – wenn wir überhaupt
etwas herausgebracht haben.

Warum haben wir so hilflos reagiert? Warum muss „so etwas" immer uns passieren?

Warum „so etwas" jedem passieren kann

Natürlich passiert „so etwas" nicht nur Ihnen und mir, sondern fast alle Menschen kennen solche Situationen. Sogar diejenigen, die wir wegen ihrer Schlagfertigkeit bewundern, stehen hin und wieder auf der Leitung. Der simple Grund: Mit manchen Situationen rechnen auch sie nicht. Sie fühlen sich überrumpelt und wissen nicht, wie sie sich verhalten sollen.

Bei allem, was wir tun, handeln wir vor dem Hintergrund unserer Erwartungen. Frau Honert ist ja deswegen wie vor den Kopf geschlagen, weil das Verkaufspersonal nach ihrer Erfahrung sonst anders reagiert; nämlich auf eine Kundenfrage bereitwillig Auskunft erteilt. Sie konnte einfach nicht damit rechnen, dass diese Verkäuferin sie so verächtlich behandelt.

Den Verstand einschalten kostet Zeit

Gerade in Bereichen, in denen wir uns sicher fühlen, sind wir besonders anfällig dafür, dass wir plötzlich auf der Leitung stehen. Aus unseren Erfahrungen haben wir nämlich bewährte Routinen ausgebildet, die fast automatisch ablaufen. Dabei kann es sich durchaus um anspruchsvolle Aufgaben handeln. Sobald sie sich eingeschliffen haben, schalten wir jedoch unseren Verstand in den „Standby"-Betrieb. Das hat viele Vorteile, denn nur so sind wir in der Lage schnell zu reagieren. Der Autofahrer, der blitzschnell einem Radfahrer ausweicht, darf nicht darüber nachdenken, er muss es automatisch tun.

Bewusstes Nachdenken ist hingegen aufwändig, und es braucht seine Zeit. Deshalb schalten wir unseren Verstand immer dann ein, wenn eine Situation neu oder schwer zu durchschauen ist oder wenn unsere Orientierung nicht mehr stimmt. Nur brauchen wir dann auch Zeit und Energie, um eine Lösung zu finden. Und diese Zeit haben wir nicht, wenn wir schlagfertig antworten wollen. Wir zermartern uns das Gehirn und erwarten, dass wir ebenso schnell eine Antwort finden wie auf dem „automatischen" Weg. Das kann jedoch nicht gelingen. Je mehr wir uns unter Druck setzen, schnell eine Lösung zu finden, umso stärker blockiert uns das.

> **Tipp 21:**
> Sie können nicht erwarten, dass Ihnen schlagfertige Antworten zufliegen, wenn Sie unter Druck stehen. Das Geheimnis schlagfertiger Antworten heißt daher: vorbereitet sein.

Wie die Blockade entsteht

Werden Sie unvermittelt angegriffen, stehen Ihnen also Ihre gewohnten Verhaltensweisen nicht mehr zu Verfügung; Sie müssen erst darüber nachdenken, was jetzt zu tun ist und stellen sich dabei unter einen enormen Zeitdruck. Kurz: Sie geraten unter Stress. Und Stress verengt das Denken. Aber das Denken müssten Sie eigentlich jetzt erweitern und öffnen, damit Ihnen eine schlagfertige Antwort einfällt.

Doch unter Stress bekommen Sie den geistigen „Tunnelblick". Sie werden beschränkt auf zwei Möglichkeiten: weglaufen oder angreifen. Doch weil Sie in solchen Situationen weder davonlaufen noch angreifen können, gibt Ihnen der Stress sozusagen den Rest. Sie werden denkunfähig, fühlen sich hilflos, unfähig und schwach. Egal, was Sie tun, es wird nicht das Richtige sein. Ihre Souveränität ist dahin.

Erst wenn Sie aus dieser belastenden Situation herauskommen, sehen Sie plötzlich klarer. Und siehe da, Ihnen fällt schnell eine Antwort ein. Bloß ist es dann schon zu spät.

> **Tipp 22:**
> Geraten Sie in die unangenehme Lage, nicht mehr reagieren zu können, ersparen Sie sich wenigstens den Stress. Steigen Sie aus der Situation aus. Vergessen Sie den anderen und die peinliche Situation, in der Sie sich befinden. Richten Sie Ihre Aufmerksamkeit auf sich selbst und beruhigen Sie sich. Lassen Sie die Sache an sich vorüberziehen. Das nächste Mal wird es besser laufen.

Fünf Faktoren verursachen die Blockade

Bevor wir darüber nachdenken, wie Abhilfe zu schaffen ist, fassen wir zusammen, was im Einzelnen dazu führt, dass Sie blockiert sind:

- Böse Überraschung: Sie werden angegriffen und haben damit nicht gerechnet.

- Souveränität ist bedroht: Wenn Sie jetzt nicht reagieren, sehen Sie schlecht aus.

- Tempo, Tempo: Sie müssen ganz schnell etwas unternehmen.

- Selbstwertgefühl ist angeknackst: Die anderen erscheinen stark, Sie fühlen sich schwach.

- Ertrinkungs-Syndrom: Je stärker Sie sich innerlich wehren, desto schneller gehen Sie unter.

Daraus ergeben sich mehrere Ansatzpunkte, wie Sie aus der Blockade wieder herauskommen können oder sie von vornherein vermeiden.

Wie Sie die Blockade durchbrechen

Ein erster Ansatzpunkt: Dass Sie sich so tief in dieser Situation verstrickt haben, ist nicht Ihr persönliches Versagen. Viele kennen dieses Gefühl und meinen irrtümlich, andere würden solche Situationen spielend meistern. Dem ist aber ganz und gar nicht so. Wer überraschend angegriffen wird, der steht normalerweise auf dem Schlauch. Das ändert allerdings nichts daran, dass dieser Zustand sehr unangenehm ist und wir ihn vermeiden wollen. Gelingen kann dies jedoch erst dann, wenn wir das Problem nicht mehr so ganz ernst nehmen, wenn wir es nicht mehr als Bedrohung empfinden, sondern Abstand dazu gewinnen.

Seien Sie offen für Überraschungen

Wie können Sie bösen Überraschungen am besten begegnen? Nun, indem Sie sich einfach auf solche Fälle vorbereiten. Dann sind die Überraschungen auch nicht mehr so völlig überraschend. Und so richtig „böse" sind sie eigentlich auch nicht mehr. Weil Sie ja wissen, wie Sie reagieren sollen.

Der Haken bei der Sache: Es kommt dann eben doch oft ganz anders, als Sie sich das ausmalen. Das Leben steckt nun einmal voller Überraschungen, und manche davon sind eben nicht so angenehm. Mit einer Vorbereitung für alle Eventualitäten werden Sie daher nicht weit kommen.

> **Tipp 23:**
> Bleiben Sie flexibel und offen für Überraschungen. Das hilft Ihnen auch bei der Schlagfertigkeit. Denn hier können Sie das Wenigste planen. Und lassen Sie zu, dass Dinge auch einmal schief gehen können.

Wie Sie dennoch vorbereitet sind

Sollen Sie nun *alles* auf sich zukommen lassen? Nicht unbedingt, denn es gibt immer noch genügend Fälle, bei denen es doch hilft, wenn Sie sich vorher gedanklich damit auseinandergesetzt haben. Dann können Sie souveräner, eben schlagfertig reagieren. Schlagfertig sein heißt eben oft nur: besser vorbereitet sein.

Das ist kein Widerspruch zu der Offenheit, die wir eben empfohlen haben. Im Gegenteil, beides kann sich ergänzen:

- Auch wenn Sie sich etwas zurechtlegen, sollten Sie nicht starr daran kleben bleiben. Variieren Sie Formulierungen und probieren Sie ruhig einmal das Gegenteil von dem aus, was Sie sich vorgenommen haben. Bleiben Sie spielerisch.

- Konzentrieren Sie sich auf die wichtigsten und wahrscheinlichsten Fälle. Sie sollten Ihre „wunden Punkte" kennen, die sich jemand herausgreift, der Sie verletzen will. Genau dazu überlegen Sie sich die passenden Antworten.

> **Tipp 24:**
> Als „eiserne Reserve" können Sie sich einen Fundus von Bemerkungen zurechtlegen, die irgendwie immer passen, wenn Sie in eine unangenehme Situation hineingeraten. Das können einfache Instant-Sätze sein wie „Das ist Ihr Problem" oder absurde Zitate, aber auch typische Männer-Frauen-Witze für Frotzeleien zwischen den Geschlechtern.

Zu den Instant-Sätzen und Zitaten kommen wir im nächsten Kapitel.

Gewinnen Sie Distanz

Beispiel

 Im Kaufhaus. Frau Honert erkundigt sich höflich, wo es Batterien gibt. Die Verkäuferin erklärt in verächtlichen Ton: „Na, was denken Sie, wo soll es hier wohl Batterien geben? In der Elektroabteilung natürlich!" Frau Honert sammelt sich einen Moment, dann schüttelt sie verständnislos den Kopf: „Ich verstehe nicht, wieso Sie in diesem Ton mit mir sprechen! Ich habe Sie höflich gefragt, wo es hier Batterien gibt. Und da erwarte ich eine höfliche Antwort! Auf Wiedersehen!" Die Verkäuferin schaut Frau Honert verdattert nach.

Werden Sie von einer unangenehmen Situation überrumpelt, dann vergessen Sie erst mal eines: dass Sie jetzt schlagfertig sein müssen. Das Einzige, was jetzt zählt: Sie dürfen sich von der unangenehmen Situation nicht überwältigen lassen. Sie müssen versuchen, Distanz zu gewinnen. Ihre Handlungsfähigkeit wiedergewinnen. Dazu treten Sie aus der Situation heraus und fragen sich: Moment mal, was geht hier eigentlich vor? Entscheidend ist dabei nicht, was die anderen von Ihnen erwarten!

Doch wie macht man das? Es ist gar nicht so schwer, lässt sich sogar einüben. Sie sollten sich bewusst machen, dass Sie es in der Hand haben, aus der belastenden Situation herauszutreten. So macht es auch Frau Honert. Sie überlegt keine Sekunde, mit welcher geschliffenen Formulierung sie jetzt kontern könnte. Sie schildert einfach nur, was ihr durch den Kopf geht – und dann verabschiedet sie sich. Nicht sehr schlagfertig, aber souverän.

Der „innere Aufprallschutz"

Von der Kommunikationstrainerin Barbara Berckhan stammt der Begriff vom „inneren Aufprallschutz". Damit ist anschaulich beschrieben, worum es geht. Sie bauen eine Art inneren Schutzschild auf, der verhindert, dass Sie verletzt werden. Der „innere Aufprallschutz" lässt die bedrohliche Situation gar nicht so nahe an Sie heran. Er federt alles ab. Sie können sich die Sache so vorstellen wie eine Glocke aus Panzerglas, die Sie sich im Bedarfsfall überstülpen. Sie sehen und hören alles, aber es kann Ihnen nichts passieren. Die anderen können mit ihren Fäusten auf der Glocke herumtrommeln, ihre Schläge prallen ab. Sie befinden sich in einem geschützten Raum, der es Ihnen ermöglicht, souverän und selbstbestimmt zu bleiben.

Beispiel

 Mittagspause. In der Kantine setzt sich Herr Gelbert zu seinen neuen Kollegen. Mit hämischem Grinsen fragt einer die anderen: „Kennt ihr den Unterschied zwischen Herrn Gelbert und einem Glas Wasser?" – „Nö", antworten die. „Ein Glas Wasser ist flüssig", sagt der erste, „Herr Gelbert ist überflüssig." Die Kollegen lachen.

> Herr Gelbert erklärt ungerührt: „Ich fand das jetzt keine nette Bemerkung."

Auch Herr Gelbert hat da nicht gerade schlagfertig reagiert, aber er bleibt souverän. Er hat seinen „inneren Aufprall-schutz" aktiviert und wird durch die Bemerkung nicht ver-letzt. Er muss nicht länger sprachlos bleiben, sondern er gibt einfach einen Kommentar ab. Dadurch zeigt er Stärke.

Sie sollten Ihren „inneren Aufprallschutz" nicht erst aufbau-en, wenn der Ernstfall eintritt. Üben Sie das schon vorher ein, wenn Sie relativ entspannt sind.

> **Tipp 25:**
> Erinnern Sie sich an eine kritische Situation, in der Sie gelassen geblieben sind. Wie war das? Was ging in Ihnen vor? Versuchen Sie, sich wieder in dieses Gefühl hineinzuversetzen. Gleichzeitig bauen Sie vor Ihrem geisti-gen Auge einen Schutzschild auf. Verbinden Sie mit Ihrem Schutzschild einen passenden Satz, den Sie sich im Bedarfsfall selbst vorsagen können. Wie etwa: „Ich bin in Sicherheit." Oder: „Das trifft mich nicht."

Stellen Sie sich Ihren Schultzschild so konkret wie möglich vor, als Plexiglashaube, Schutzanzug – was immer Sie mögen. Mit dem passenden Satz verankern Sie Ihre Vorstellung und sorgen dafür, dass der Schutzschild auch wirkt, wenn Sie ihn unerwartet brauchen.

Nehmen Sie die Sache mit Humor

Beispiel

 Frau Honert im Kaufhaus. Das Batterieproblem. Wo gibt es hier Batterien? Nachfrage bei einer Verkäuferin. Der verächtliche Hinweis: „Na, was denken Sie, wo soll es hier wohl Batterien geben? In der Elektroabteilung natürlich!" Frau Honert stutzt und erklärt dann schmunzelnd: „Und wenn Sie mir jetzt noch verraten, wo die Elektroabteilung ist, könnte es heute noch ein richtig schöner Tag werden."

Ein ausgezeichnetes Mittel, um aus einer unangenehmen Situation herauszukommen, ist der Humor. Mit Humor schaffen Sie augenblicklich Distanz. Sie zeigen, dass die böse Bemerkung Sie nicht getroffen hat. Sie reagieren mit einem Wort souverän. In manchen Fällen bringen Sie vielleicht sogar Ihr Gegenüber zum Lachen. Und alles löst sich in Wohlgefallen auf.

Aber Humor haben wir nur, wenn wir uns angenehm und sicher fühlen. Jemand, dem zum Davonlaufen zumute ist, bringt es rein körperlich nicht fertig, eine humorvolle Bemerkung zu machen. Erste Voraussetzung, dass Sie humorvoll reagieren können, ist also, dass Sie sich nicht von der Situation überwältigen lassen (Aufprallschutz). Dann kommt aber noch etwas hinzu: die scherzhafte Bemerkung. Sie müssen die Sache also noch weiterdrehen und dem anderen zu verstehen geben: Ich nehmen die Sache nicht ernst.

Das funktioniert ein bisschen nach dem Prinzip des Freiherrn von Münchhausen, der sich an seinem eigenen Zopf aus dem Sumpf gezogen hat. Sie stecken in einer unangenehmen

Situation und versuchen, da herauszukommen, indem Sie so tun, als hätten Sie allen Grund zu spaßen. Und genau das hilft Ihnen, dem Sumpf der Verlegenheit zu entkommen.

- Sie können versuchen sich aufzuheitern. Denken Sie an etwas Lustiges, eine komische Geschichte, einen Witz, irgendetwas, über das Sie lachen müssen.

- Entdecken Sie die Komik in der Situation selbst. Vielleicht erscheint es Ihnen mit einem Mal furchtbar komisch, dass Sie da in einem Kaufhaus stehen, sich höflich an eine Verkäuferin wenden, deren Aufgabe es sein sollte Ihnen zu helfen, und die sie anblökt.

- Stellen Sie sich die Situation komisch vor. Verändern Sie in Ihrer Fantasie die Szenerie. Ersetzen Sie beteiligten Personen durch Tiere oder setzen Sie ihnen rote Clownsnasen auf. Der andere erscheint nicht mehr bedrohlich, und Sie kommen auf komische Ideen.

> **Tipp 26:**
> Dass Sie mit Humor reagieren, bedeutet nicht, dass Sie einen Witz machen müssen oder Ihre Bemerkung die anderen zum Lachen bringt. Dieser Zwang würde Sie nur blockieren. Schließlich treten Sie hier nicht als Humorist auf. Das einzige, worauf es ankommt – Sie zeigen Ihrem Gegenüber: Ich nehme die Situation nicht ernst.

Etwas Bosheit schadet nicht

Wenn Sie sich zur Wehr setzen, kann das nicht immer nur höflich und zuvorkommend geschehen. Werden Sie übel attackiert oder bloßgestellt, ist es mit einer „heiteren Bemerkung" einfach nicht getan. Sie müssen sich Respekt verschaffen. Das können Sie einmal auf die „humorlose Art" tun, indem Sie den Angreifer darauf hinweisen, dass Sie seine Bemerkung für geschmacklos halten und es überhaupt nicht schätzen, wenn der andere auf Ihnen herumtrampelt. Sprechen Sie Klartext. Lassen Sie keinen Zweifel daran, dass Sie sich das nicht gefallen lassen.

Die zweite Methode bringt uns näher an unser Thema Schlagfertigkeit heran. Sie können sich nämlich auch dadurch Respekt verschaffen, indem Sie „zurückschlagen", die Schwächen des anderen rücksichtslos offen legen, ihn der Lächerlichkeit preisgeben. Ohne ein Quäntchen Bosheit geht das nicht. Und manchmal darf oder muss es sogar „etwas mehr" sein.

Beispiel

 Noch einmal die Situation im Kaufhaus. Der Verkäufer zu Frau Honert: „Na, was denken Sie, wo soll es hier wohl Batterien geben? In der Elektroabteilung natürlich!" Frau Honert: „Oh, natürlich. Und wo gibt es hier freundliche Verkäufer?"

Boshaft im Beruf

Täuschen Sie sich nicht: Diese Boshaftigkeit ist oft viel schwieriger ins Spiel zu bringen, als wir annehmen. Vor allem im Berufsleben. Dafür gibt es auch gute Gründe: Im Allgemeinen fahren Sie besser, wenn Sie mit Ihren Mitmenschen freundlich umgehen, sie höflich und mit Respekt behandeln. Auf diese Weise kommen Sie auch mit Leuten zurecht, die Ihnen persönlich nicht so angenehm sind. Daran sollten Sie auch nichts ändern. Aber gegen Mitmenschen, die in der Beziehung nicht zimperlich sind, sollten Sie sich zu wehren wissen. Mit Schlagfertigkeit, die getränkt ist in der würzigen Marinade der Boshaftigkeit. Denn es gibt immer wieder Situationen, da kommen Sie mit Höflichkeit nicht weiter. Ihre Höflichkeit hindert Sie sogar daran, angemessen zu reagieren.

Nebenbei bemerkt ist das ein Standardsatz, der fast immer passt, wenn Sie einfach nicht boshaft sein können – oder Ihnen nichts Besseres einfällt: „Meine Höflichkeit hindert mich daran, Ihnen eine passende Antwort zu geben." Und dann drehen Sie sich weg.

> **Tipp 27:**
> Wenn Sie in dem Ruf stehen, ein sehr netter und harmoniebedürftiger Zeitgenosse zu sein, können Sie mit einer eleganten Boshaftigkeit eine besonders starke Wirkung erzielen. Das haben die anderen Ihnen nicht zugetraut, sie sind beeindruckt. Außerdem werden Sie merken, dass Sie sich viel mehr herausnehmen können als Sie dachten – wenn Sie sich nur trauen.

Die doppelte Legitimation

Schlagfertige Antworten sind oft nicht nett, manchmal sind sie kränkend oder sogar vernichtend. Und doch ist Schlagfertigkeit keine Flegelei. Denn die Bosheit einer schlagfertigen Antwort ist niemals Selbstzweck, sondern sie muss gerechtfertigt sein. Sie bedarf sogar einer doppelten Legitimation:

- Ihre Antwort muss pragmatisch legitimiert sein: Die Schärfe, die Sie Ihrer Antwort geben, muss aus der Situation verständlich sein.

- Ihre Antwort muss ästhetisch legitimiert sein: Sie müssen Ihren Gegenkonter ein wenig „verpacken". Eine plumpe Retourkutsche ist nicht schlagfertig.

Die pragmatische Legitimation: Frech sein allein genügt nicht

Schlagfertigkeit besteht nicht darin, Gemeinheiten gegenüber weniger redegewandten Mitmenschen auszuteilen. Auch ist es nicht immer schlagfertig, einen mehr oder weniger witzigen Spruch anzubringen, wenn einem jemand auf die Füße steigt.

Beispiel

 Frau Reichel hat ein wichtiges Dokument verlegt. Ihre Chefin, Frau Opolka, begibt sich mit ihr auf die Suche und bemerkt angesichts des allgemeinen Durcheinanders: „Frau Reichel, in Ihrem Büro herrscht ja das reinste Chaos. Ich bitte Sie, halten Sie in Zukunft besser Ordnung." Darauf erklärt Frau Reichel versonnen: „Ach, wissen Sie, wer Ordnung hält, ist bloß zu faul zum Suchen."

Die Antwort von Frau Reichel ist nicht schlagfertig, sondern unverschämt. Ihr fehlt die „pragmatische Berechtigung", über die Bitte ihrer Chefin einfach so hinwegzugehen und sie dadurch zurückzuweisen. Denn die Chefin hat ein berechtigtes Anliegen: dass ihre Mitarbeiter den Überblick behalten. Wenn Frau Reichel sich darüber hinwegsetzen will, braucht sie gute Gründe und keinen lockeren Spruch.

Beispiel

> Frau Reichel sitzt in ihrem Büro. Da kommt ihr Arbeitskollege, Herr Timmermann, zufällig vorbei und feixt: „Frau Reichel, in Ihrem Büro herrscht ja das reinste Chaos. Wann haben Sie denn das letzte Mal die Tischplatte gesehen?" Darauf erklärt Frau Reichel versonnen: „Ach, wissen Sie, Herr Timmermann, wer Ordnung hält, ist bloß zu faul zum Suchen."

Diese Situation ist völlig anders. Herr Timmermann mokiert sich über die Unordnung von Frau Reichel. Eigentlich geht ihn die Sache aber nicht viel an. Wenn Frau Reichel jetzt ihren Spruch anbringt, ist das eine etwas nettere Form zu sagen: „Kümmern Sie sich um Ihre eigenen Angelegenheiten."

Tipp 28:
Übt jemand berechtigte Kritik oder weist Sie zu Recht auf einen Fehler hin, sollten Sie Ihre schlagfertige Antwort lieber für sich behalten. Ein Spruch, mit dem Sie sonst Sympathien ernten, wirkt unter diesen Umständen dreist oder sogar beleidigend.

Die ästhetische Legitimation: Ein bisschen Umweg muss sein

Schlagfertigkeit heißt: Werden Sie angegriffen, dann dürfen Sie zurückschlagen. Doch ein Mindestmaß an Raffinesse müssen Sie schon aufbieten. Sonst wirkt Ihre Antwort nicht schlagfertig, sondern plump.

Beispiel

 Der Vertriebsleiter, Herr Marks, gerät bei seiner Präsentation etwas ins Stocken. Er hat zwei Charts vertauscht und irrt nun mit seinem Laserpointer auf dem Schaubild herum. Sein Kollege vom Kundendienst, Herr Ewers, bemerkt hämisch: „Sie sind vielleicht eine Pfeife, Marks." Herr Marks kontert: „Und Sie sind die Oberpfeife, Ewers."

Der Leiter vom Kundendienst hat sich im Ton vergriffen, also ist Herr Marks pragmatisch legitimiert, sich zur Wehr zu setzen. Doch tut er das mit den denkbar schlichtesten Mitteln. Er wiederholt einfach nur den Vorwurf und überbietet ihn durch die Vorsilbe „ober". Schlagfertig ist das natürlich nicht. Doch bereits durch eine minimale Veränderung könnte Herr Marks die Sache wenden.

Beispiel

 Herr Marks leuchtet desorientiert das Schaubild ab. Der Kollege vom Kundendienst, Herr Ewers, bemerkt hämisch: „Sie sind vielleicht eine Pfeife, Marks." Herr Marks kontert: „Ganz recht, Herr Ewers, ich bin *vielleicht* eine Pfeife. Aber Sie sind *ganz sicher* die Oberpfeife, Ewers." Gelächter unter den Kollegen.

Eine schlagfertige Antwort braucht einen minimalen Umweg, einen kleinen Kniff, ein Wortspiel. Herr Marks überrascht seine Kollegen, indem er dem Wörtchen „vielleicht" eine neue Bedeutung gibt. Herr Ewers hatte es ja als Verstärkung seiner Aussage gebraucht (im Sinne von: Sie sind eine außergewöhnlich große Pfeife). Nun hat „vielleicht" aber auch die

Bedeutung, einen Zweifel auszudrücken. Und in diesem Sinne nutzt Herr Marks das Wörtchen „vielleicht", um exakt dasselbe zu sagen wie im Beispiel zuvor. Von dem Spiel mit dem Wörtchen „vielleicht" sind die Zuhörer überrascht. Daher lachen sie. Die Antwort ist angekommen.

> **Tipp 29:**
> Eine schlagfertige Antwort sollte die Zuhörer immer ein wenig überraschen. Dabei sollten Sie Ihre Ansprüche nicht allzu hoch schrauben. Halten Sie sich an die Regel der abnehmenden Originalität: Je heftiger und gemeiner der Angriff, desto niedriger sind die ästhetischen Ansprüche an Ihre Antwort.

Die prompte Reaktion

Ein Umstand, der beim Thema Schlagfertigkeit nie in Vergessenheit geraten darf: Sie müssen sofort reagieren. Quasi reflexartig. Zeit zu überlegen haben Sie nicht. Entweder Sie antworten innerhalb der nächsten Sekunden oder Sie lassen es bleiben – und schweigen für immer. Eine glänzende Replik ist nichts wert, wenn sie Ihnen zu spät einfällt.

Machen wir uns nichts vor: Die Schlagfertigen gehören nicht zu den Feinsinnigen dieser Welt. Ihr Humor ist eher rustikal gestrickt und sie haben keine Scheu, eine mittelmäßige Pointe drei-, vier-, fünfmal abzubrennen, durchaus in Gegenwart derselben Personen. Und warum auch nicht? Schließlich geht es nicht darum, der geistreichste Humorist zu werden, sondern schnell und wirksam einen Angriff zurückzuweisen.

Denken Sie auch hier daran: Wenn Sie schlagfertig werden wollen, dürfen Sie nicht zu viel von sich erwarten. Sie müssen Ihre Ansprüche absenken und sollten sich nicht zu schade sein, sich auch einmal unter Ihrem Niveau zu wehren. In besonders eklatanten Fällen ernten Sie bereits Respekt, wenn Sie überhaupt noch etwas erwidern. Zahlreiche Beispiele zu diesem Thema finden Sie im nächsten Kapitel.

Wie frech dürfen Sie sein?

Wie witzig oder aggressiv Sie sich zur Wehr setzen sollten, hängt ganz von den Umständen ab. Sie brauchen ein Gespür dafür, was Sie dem oder den anderen in der jeweiligen Situation zumuten können. Sie sollten die Schärfe Ihrer Antwort von den folgenden Faktoren abhängig machen:

- Schärfe des Angriffs: Eine harmlose Frotzelei sollten Sie auch nicht aggressiv beantworten. Wer Sie hingegen bloßstellen oder fertig machen will, den sollten Sie auch etwas härter anfassen.

- Humorfähigkeit Ihres Gegenübers: Es gibt Menschen, die verstehen überhaupt keinen Spaß, vor allem nicht, wenn er auf ihre Kosten geht. Gehen Sie hier behutsam vor. Bei Leuten mit Humor können Sie mehr riskieren.

- Stärke des Angreifers: Wenn Sie jemand attackiert, der Ihnen intellektuell deutlich unterlegen ist, sind milde und witzige Antworten eher am Platz als vernichtende Gegenschläge. Das ist auch eine Frage der Fairness. Anders sieht die Sache aus, wenn der Betreffende in einer starken Position ist. Dann brauchen Sie keine übertriebene Fürsorglichkeit an den Tag zu legen.

- Abhängigkeitsverhältnis: Gegenüber Personen, auf die Sie angewiesen sind, sollten Sie sich vernünftigerweise zügeln.

- Publikum: Findet der Schlagabtausch vor Publikum statt, sollten Sie sich darüber klar werden, was Ihnen wichtiger ist: die Sympathie des Publikums oder ein unbelastetes Verhältnis zu Ihrem Gegenüber.

Beispiel

 Der staubtrockene Vorgesetzte, Herr Asmuth, bemerkt zu seiner Mitarbeiterin, Frau Salzmann: „Also, ich finde, dass Sie in letzter Zeit kaum noch etwas für die Firma leisten." Frau Salzmann erwidert fröhlich in die eisige Miene von Herrn Asmuth: „Na ja, ich habe einfach nur versucht, mich Ihnen anzupassen."

Schlagfertig mit dem Ellenbogen?

Während sich manche nicht trauen, einen frechen Spruch anzubringen, weil sie niemandem zu nahe treten wollen, kennen andere wenig Skrupel. Sie setzen Schlagfertigkeit ein, nicht obwohl, sondern weil sie andere damit verletzen. Schlagfertigkeit ist für sie ein Mittel nach vorne zu kommen, um andere wegzustoßen und die eigene Überlegenheit zu genießen. Diese Schlagfertigkeit mit dem Ellenbogen halten wir für falsch.

Tipp 30:
Schlagfertigkeit sollte immer ein Mittel sein, die eigene Souveränität wieder herzustellen, und nicht dazu dienen andere einzuschüchtern. Wer sich selbst über andere erhebt und Schwächere veralbert, zieht zu Recht die Abneigung der anderen auf sich. Wenn Sie jedoch derjenige sind, der sich gegenüber einem Ellenbogen-Menschen behauptet, dürfen Sie sicher sein, dass alle Sympathien auf Ihrer Seite sind.

Starterpaket Schlagfertigkeit

Wer Schlagfertigkeit erlernen will, sollte ganz einfach anfangen. Mit dem „Starterpaket Schlagfertigkeit" bekommen Sie Techniken an die Hand, die zwar nicht zur hohen Kunst der Schlagfertigkeit gehören, aber im praktischen Einsatz oft sehr effektiv sind. Nämlich:

- schnell abrufbare Instant-Sätze (S. 64) oder treffende Zitate (S. 69), die Sie sich merken sollten,
- oder die „kleinen Spielverderber" (S. 74), die ebenso gut wirken wie einfache Konter nach dem Muster „Lieber dick als doof" (S. 77).

Einfach etwas sagen

Beispiel

Frau Frings gießt die Pflanzen in ihrem Büro. Ihr Kollege, Herr Diedenstedt, kommt vorbei und bemerkt hämisch: „Arme Frau Frings. Hat man Sie jetzt zur Bürogärtnerin degradiert?" „Auf die Bemerkung würde ich Ihnen gerne eine passende Antwort geben", erwidert Frau Frings. „Aber leider bin ich in meinem Schlagfertigkeitsbuch erst bei Lektion drei."

Sie halten die Bemerkung von Frau Frings für nicht besonders schlagfertig? Aber Hand aufs Herz – wäre Ihnen auf die Schnelle etwas Besseres eingefallen? Dann schauen wir uns mal an, was passiert, wenn Frau Frings daran geht, sich einen geeigneten Konter auszudenken.

Beispiel

Frau Frings hat Witz, einen schnellen Verstand und verfügt über einen reichen Assoziationsschatz. Zu „Bürogärtnerin" fällt ihr sofort die Redensart ein: „Den Bock zum Gärtner machen". Ja, das könnte passen. Bock... Bürobock. Herr Diedenstedt als der Bürobock... Wäre das nicht die passende Replik? Aber wie soll man das jetzt formulieren? Mal überlegen... Und schon ist Herr Diedenstedt wieder verschwunden, während Frau Frings mit ihrer Gießkanne in der Hand noch an ihrer Antwort feilt.

So schlecht also war die erste Antwort gar nicht. Immerhin hat Frau Frings Herrn Diedenstedt etwas entgegenhalten können. Auch wenn sie ihm erklärt, dass ihr auf seine Bemerkung *nichts* einfällt, so bleibt sie nicht sprachlos. Das ist allemal besser als zu schweigen. Vor allem aber tritt sie mit ihrer Antwort aus der Situation heraus. Dadurch lässt sie sich nicht zum Opfer machen und bewahrt ihre Souveränität.

Tipp 31:
Ehe Sie gar nichts sagen, sollten Sie irgendetwas sagen. Und wenn es Ihnen völlig abwegig erscheint. Allein die Erfahrung, dass Sie nicht das schweigsame Opfer geblieben sind, wird Ihr Selbstbewusstsein stärken. Und nach und nach werden Sie sich mehr zutrauen und Ihre Antworten werden besser und schlagfertiger.

Erste Sätze: Sagen, dass Sie nichts sagen

Es wird Sie überraschen, welche Wirkung Sie dadurch hervorrufen können: Erklären Sie Ihrem Gegenüber, dass Sie zu seinem Vorwurf, seiner frechen Anspielung, seiner herabsetzenden Bemerkung „gar nichts" sagen. Dies muss allerdings in einer Art und Weise geschehen, die keinen Zweifel daran lässt, dass Sie Herr bzw. Herrin der Situation sind. Blicken Sie Ihrem Gegenüber also fest in die Augen, sprechen Sie selbstbewusst und mit ruhiger Stimme.

Beispiele

„Dazu fällt mir wirklich gar nichts ein."

„Keine Ahnung, was ich dazu sagen soll."

„Sie erwarten wohl hoffentlich nicht, dass ich irgendetwas dazu sage."

„Ich werde Ihre Bemerkung einfach mal überhören."

„Wenn ich dazu etwas sagen soll, bekomme ich Kopfweh."

Erklären Sie, dass Sie nichts verstanden haben

Eine beliebte Variante besteht darin, den anderen wissen zu lassen, dass seine kränkenden Worte gar nicht angekommen sind. Diese Methode empfiehlt sich vor allem bei Scherzen, die nicht so ganz ins Schwarze getroffen haben.

Beispiele

„Ich habe nicht verstanden, was Sie damit sagen wollten."

„Muss ich das verstehen, was Sie da gerade gesagt haben?"

„Haben Sie eigentlich gerade was gesagt?"

„Das ging jetzt ein bisschen schnell. Erklären Sie es mir bitte noch einmal? Mit Ihren eigenen Worten?"

Um solche Kommentare überzeugend über die Lippen zu bekommen, brauchen Sie eine gewisse Portion Sarkasmus. Das liegt nicht jedem. Dann halten Sie sich einfach an die erste Variante.

> **Tipp 32:**
> Fordern Sie nach einem Angriff den anderen dazu auf, das Ganze noch einmal zu wiederholen. Keine Sorge, das wird die Kränkung nicht verstärken. Denn in aller Regel wird dieser Aufforderung niemand nachkommen. Und wenn doch, dann verliert sich dadurch die Wirkung. Sie können sich den Angriff in aller Ruhe anhören und dann erklären, dass Sie dazu nichts zu sagen haben.

Die Instant-Sätze

Nun sind die Sätze, die Sie gerade kennen gelernt haben, zwar wirksam, aber so richtig schlagfertig sind sie nicht.

Dazu ist der „Umweg", den Sie gehen (S. 56), ein bisschen zu kurz. Schon etwas schlagfertiger sind da die „Instant-Sätze", vorbereitete Standardformulierungen, die in vielen Situationen passen.

Beispiel

Herr Marks trifft Herrn Ewers auf dem Büroflur. „Eines müssen Sie mir mal erklären, Marks", sagt Herr Ewers. „Wieso tragen Sie eigentlich immer so geschmacklose Krawatten?" Herr Marks zögert keine Sekunde: „Sie sind eben mein Vorbild, Herr Ewers."

Die große Stärke solcher Antworten: Sie sind sofort bei der Hand, ersparen langes Nachdenken und machen Sie so schlagfertiger. Gerade in Situationen, in denen sonst die Blockade droht.

Vorgewürzte Sätze aus der Tüte

Sicher kennen Sie Instant-Suppen, Fertigsuppen aus der Tüte, über die Sie nur heißen Wasser gießen müssen, und schon können Sie anfangen zu löffeln. So ähnlich ist das auch mit den Instant-Sätzen. Diese Sätze können Sie einfach anbringen, wenn Sie in eine knifflige Situation geraten. Sie sind sozusagen schon „vorgewürzt" und dadurch ideal, um sie seinem Angreifer um die Ohren zu hauen.

Bleibt die Frage: Wo bekommen Sie Ihre Fertigsätze her? Da gibt es viele Möglichkeiten. Sie müssen sich nur ein wenig umhören, dann stoßen Sie schon auf die eine oder andere Formulierung, die vielleicht für Sie in Frage kommt. Aber nicht nur Ihre Umgebung, auch Unterhaltungsromane und

Filme bieten hier zahlreiche Anregungen. Und natürlich das Fernsehen. Schließlich gibt es auch noch mehr oder weniger hilfreiche Bücher, in denen Sie vorformulierte „freche Sprüche" finden.

Der Spruch muss passen

Die Zahl der Instant-Sätze und Standardsprüche ist beachtlich. Und man darf wohl sagen: Täglich werden es mehr.

Beispiele

„Ich passe mich nur meiner Umgebung an."

„Da fragen Sie besser meinen Steuerberater / Bewährungshelfer / Fitnesscoach."

„Das kommt auf die Höhe meiner Abfindung an."

„Quatschen Sie noch oder denken Sie schon?"

„Können Sie das auch rückwärts?"

„Wer im Glashaus sitzt, sollte nicht mit Steinen werfen."

„Und sonst haben Sie keine Probleme?"

„Mit der Nummer sollten Sie im Fernsehen auftreten."

„Das schreibe ich gleich mal in mein Mobbing-Tagebuch".

Ohne Schwierigkeiten werden Sie sich zehn, zwölf solcher hilfreichen Floskeln einprägen können, um sie im Bedarfsfall wieder abzurufen. Doch der entscheidende Punkt ist: Der Instant-Satz muss passen, zu der Situation, vor allem aber zu Ihrer Persönlichkeit. Sind Sie ein Mensch von eher zurückhaltendem Temperament, machen Sie sich mit einem frechen Spruch aus der Konservendose womöglich lächerlich. Sprüche, die nicht zu Ihnen passen, hören sich auch schnell auswendig gelernt an. Also bleiben Sie sich lieber treu und verzichten auf einen unauthentisch wirkenden Spruch.

> **Tipp 33:**
> Vorsicht vor vermeintlich witzigen oder coolen Sprüchen, die Sie von bekannten Vorbildern übernehmen. Im Alltag funktionieren sie oft gar nicht so gut. Schlimmer noch: Wenn Ihr Gegenüber das Vorbild kennt, liefern Sie ihm womöglich noch Munition: „Ach, haben Sie gestern auch Harald Schmidt geguckt?" Und in Zukunft redet Sie der nette Kollege nur noch mit „unser Harald Schmidt" an.

Legen Sie sich ein paar Standard-Sätze zurecht

Schlagfertigkeit lebt von der überraschenden Erwiderung. Die finden Sie jedoch nicht, wenn Sie bereits in der Situation stecken. Überraschung ist oft nur eine Frage gründlicher Vorbereitung. Denn nicht Sie sollen ja von Ihrer Antwort überrascht werden, sondern Ihr Gegenüber.

Die Instant-Sätze können Sie ganz nach Belieben verändern, ja Sie sollten das sogar tun. Denn sie müssen aus Ihrem Mund einigermaßen natürlich klingen. Auch können Sie sich eigene ausdenken. Dann passen sie vermutlich noch besser zu Ihnen. Anregungen für eigene Sätze bekommen Sie auch noch auf den folgenden Seiten. Dabei sollten Ihre Instant-Sätze die folgenden Anforderungen erfüllen:

- Sie müssen kurz und prägnant sein. Dann lassen sie sich auch besser merken.

- Sie dürfen nicht zu speziell sein. Am besten sind allgemeine Aussagen, die überall und nirgends passen (z. B. „Können Sie das auch rückwärts?").

- Sie müssen den Angriff zurückweisen. Entweder lenken Sie den Angriff zurück („Sie sind mein Vorbild") oder Sie machen deutlich, dass Sie nicht gewillt sind, sich mit dem Angriff auseinanderzusetzen („Wenden Sie sich an meinen Steuerberater").

Werden Sie nicht zum Sprücheklopfer

Manche kommen mit ihren Instant-Sätzen erstaunlich weit, was sie erst richtig auf den Geschmack bringt. Zu jeder passenden und unpassenden Gelegenheit bringen sie einen Spruch an. Auch wenn sie gar nicht angegriffen werden, sondern einfach nur „witzig" sein wollen. Das führt dann dazu, dass sie zur Begrüßung solche Sätze sagen wie „Sie hier? Und nicht in Hollywood?" oder „Gib mir fünf!" Dem verdutzten Neuling teilen sie unter jovialem Gelächter mit, dass damit die fünf Finger der Hand gemeint sind, die sie schütteln wollen.

Beispiel

 Herr Diedenstedt bestellt sein Bier gern als „Hopfenkaltschale", nicht ohne seine Nachbarn an der Bar wissen zu lassen: „Zwischen Leber und Milz passt immer noch ein Pils!" Sucht er die Toilette auf, „muss" er mal „für kleine Königstiger". Und wenn er sich verabschiedet, dann mit Floskeln wie „Tschüssikowski", „So long, Hongkong", „Goodbye, Hawaii" oder „Bis denn, Sven!"

Hinter diesen Sprüchen steht das Bemühen, die Situation zu entkrampfen, für eine lockere Stimmung zu sorgen und alles nicht „so verbissen" zu sehen. Doch leider sind die meisten dieser Sprüche so abgedroschen, dass sie nur noch nervtö-

tend wirken. Sie haben nicht das Geringste mit Schlagfertigkeit zu tun, auch wenn diejenigen, die solche Phrasen dre-
schen, das ganz anders sehen.

> **Tipp 34:**
> Verwenden Sie Ihre Instant-Sätze nicht zu häufig, bringen Sie Ab-
> wechslung in Ihr Repertoire und legen Sie sich hin und wieder neue Sprü-
> che zu. Verwenden Sie die vorgestanzten Sätze nicht ohne Anlass, denn
> reines Sprücheklopfen wirkt aufdringlich und nervtötend.

Bonmots und treffende Zitate

Manchmal helfen Ihnen auch lustige oder boshafte Sentenzen großer oder kleiner Geister weiter. Je nach Geschmack
und Umfeld können Sie aus den unterschiedlichsten Quellen
schöpfen: ob Philosoph, Politiker, Schriftsteller, Wirtschafts-
führer, Fußballtrainer, Dreisternekoch oder Fernsehstar spielt
keine Rolle. Hauptsache, das Zitat sitzt. Aber das ist gar nicht
so selbstverständlich.

Beispiel

 Nach einer Firmenveranstaltung sind mehrere Arbeitskollegen
noch in einer Bar eingekehrt. Herr Ewers zieht wie üblich über
seinen Kollegen, Herrn Marks her und stellt ihn als dumm hin. Der
meldet sich mit einem klassischen Zitat zu Wort: „Wie sagt
Thomas Hobbes? Homo homini lupus. Der Mensch ist dem Menschen ein Wolf." – „Was für'n Homo?", gröhlt Herr Ewers dazwischen. Und die Praktikantin, Frau Amelie Spitzing, meldet sich zu
Wort, um zu bemerken, dass das Zitat „eigentlich ja vom römi-
schen Komödiendichter Plautus" stamme

Und doch – das treffende Zitat im rechten Moment parat zu haben, das macht immer noch Eindruck. Sie zeigen den anderen, dass Sie über einen gewissen Bildungshorizont verfügen. Dabei sind Zitate den Instant-Sätzen eng verwandt, denn auch hier schöpfen Sie aus einem Fundus, den Sie bei Bedarf nutzen können. Gegenüber gewöhnlichen Instant-Sätzen hat das Zitat jedoch zwei Vorzüge:

- Nicht Sie selbst treffen die Aussage, sondern eine mehr oder weniger anerkannte Autorität. Das hat den Vorteil, dass Sie häufig „härter" zurückschlagen können, als wenn Sie selbst für die Aussage gerade stehen müssten.

- Indem Sie plötzlich von Goethe, Sepp Herberger oder Günther Jauch sprechen (je nachdem, wen Sie zitieren), gewinnen Sie Abstand zu Ihrer eigenen Situation und zeigen sich souverän.

Vorsicht, Bildungswissen!

In früheren Zeiten gab es noch so etwas wie einen klassischen Bildungskanon. Zumindest in „gebildeten Kreisen" hätten Sie sich blamiert, wenn Sie ein klassisches Zitat vollständig zitiert hätten. Denn damit hätten Sie Ihren Zuhörern unterstellt, das betreffende Zitat nicht zu kennen. Nun, das hat sich gründlich geändert. Es gibt keinen klassischen Bildungskanon mehr, was nicht nur negative Auswirkungen hat (so hat sich das Bildungswissen erheblich verbreitert).

Für Sie und Ihre Zitate hat das einschneidende Konsequenzen: Wenn Sie mit klassischen Zitaten um sich werfen, wirken Sie allzu bildungsbeflissen. Viele Zuhörer empfinden es als Kränkung, wenn da einer penetrant herausstellt, dass er etwas weiß, von dem die anderen keinen Schimmer haben („Da kann ich nur mit dem Nobelpreisträger Orhan Parmuk sagen ..."). Und bei denjenigen, die von ihrer Bildung her mithalten können, ernten Sie erst recht keine Sympathien. Denn jemand, der sein Bildungswissen den anderen unter die Nase reibt, zeigt vor allem eines: dass er nicht „wirklich" gebildet ist.

> **Tipp 35:**
> Mit den alten Klassikern können Sie nur noch in Ausnahmefällen punkten – etwa wenn Sie das Zitat ganz anders verwenden als es gemeint war. Oder wenn Sie von den „Alten" eher schräge Zitate auftun, mit denen Sie Ihre Zuhörer verblüffen (Goethe ist da eine gute Adresse).

Wen zitieren?

Es ist natürlich eine Geschmacksfrage, wen Sie zitieren. Besonders pfiffig wirkt es allerdings, wenn Sie sich auf Autoritäten berufen, die einen gewissen Kontrast zu Ihrer Position oder Ihren Ansichten bilden.

Beispiel

 So zitiert der konservative CSU-Politiker Peter Gauweiler mit Vorliebe Bert Brecht. Wissenschaftler würzen ihre Vorträge mit Zitaten von Joachim Ringelnatz oder beziehen sich auf Kinderbücher wie „Pu der Bär" oder „Alice im Wunderland"

Das mag nicht nur taktisch geschickt sein – wenn Sie aus völlig unerwarteten Quellen schöpfen, zeigen Sie, dass Sie einen breiten Horizont haben. Mit einem Wort, Sie wirken souverän. Als Führungskraft in einem Unternehmen sollten Sie daher nicht so sehr Autoritäten aus dem Bereich Unternehmensführung zitieren. Origineller und souveräner wirkt es, wenn Sie, sagen wir: Woody Allen statt Dieter Zetsche zitieren.

Ihre Zuhörer sollten denjenigen, den Sie zitieren, nach Möglichkeit kennen. Sonst fühlen sie sich belehrt. Ausnahmen sind Zitate, die so gut sind, dass man die Quelle nicht kennen muss. Für ironische Kommentare eignen sich sehr gut Mark Twain, der Satiriker Karl Kraus, Woody Allen, Erich Kästner, Kurt Tucholsky, Winston Churchill oder Oscar Wilde.

Als Autoritäten, auf die Sie sich immer berufen können, vor allem wenn Sie aus einem völlig anderen Bereich kommen, eignen sich zum Beispiel Albert Einstein, der Dalai Lama, die Bibel, Friedrich Nietzsche und Franz Beckenbauer.

> **Tipp 36:**
> Sie müssen sich keineswegs nur bei den bedeutsamen Menschen bedienen. Es wirkt viel überraschender, wenn Sie jemanden zitieren, der keineswegs als Autorität gilt: einen Fußballtrainer, ein Fotomodel oder einen Schlagersänger. Und die Zitate müssen keineswegs der Weisheit letzter Schluss sein. Im Gegenteil, Tiefsinn ist tödlich, während Banalitäten und herrlich ungereimte Sätze bestens passen.

Schaffen Sie sich einen Fundus von Zitaten

Wie schon die „Instant-Sätze", so müssen auch die treffenden Zitate schnell zur Hand sein. Damit Sie nicht immer die gleichen anbringen, sollten Sie sich einen Fundus von Zitaten schaffen, auf den Sie bei Bedarf zurückgreifen können. Wenn Ihnen ein Zitat gut gefällt, schreiben Sie es auf. Es gibt auch spezielle Bücher, Zitatesammlungen, von denen viele aber nur reichlich angestaubte Sentenzen enthalten, die Sie auf keinen Fall verwenden sollten. Eine gute Auswahl zeitgemäßer Zitate enthält der TaschenGuide "Zitate für Beruf und Karriere".

Beispiele

Als Starterpaket schlagen wir die folgenden Zitate vor:

„Eine wirklich gute Idee erkennt man daran, dass ihre Verwirklichung von vornherein ausgeschlossen scheint." – Albert Einstein

„Fußball ist Ding, Dang, Dong. Es gibt nicht nur Ding." – Giovanni Trappatoni, Fußballtrainer

„Der Mensch hat mehr von einem Affen als so mancher Affe." – Friedrich Nietzsche

„Vergib deinen Feinden. Aber vergiss niemals ihre Namen." – John F. Kennedy

„Es gibt kein schöneres Geräusch als das Zähneknirschen eines Kumpels." – Groucho Marx

„Wenn ich Ihre Meinung hören will, dann werde ich sie Ihnen mitteilen." – Samuel Goldwyn, Filmproduzent

„Ich habe mir nie meine Erziehung durch Schulbildung verderben lassen." – Mark Twain

„Wenn wir hier nicht gewinnen, dann treten wir ihnen wenigstens den Rasen kaputt." – Rolf Rüssmann, Nationalspieler

„Nichts kann existieren ohne Ordnung. Nichts kann entstehen ohne Chaos." – Albert Einstein

„Die Breite an der Spitze ist dichter geworden." – Bertie Vogts, Fußballtrainer

„Man muss die Tatsachen kennen, bevor man sie verdrehen kann." – Mark Twain.

Kleine Spielverderber

Nicht immer müssen Sie mit Originalität und Einfallsreichtum glänzen. Manchmal bringen Sie Ihren Angreifer sehr viel eher zum Schweigen, wenn Sie genau das Gegenteil tun, nämlich öde, langweilige, stereotype Kommentare von sich geben. Die sollen dem anderen den Spaß verderben. Und wenn Sie die Sache konsequent genug durchziehen, haben Sie damit häufiger Erfolg, als Sie vielleicht glauben mögen.

Ein unschätzbarer Vorteil der „kleinen Spielverderber" liegt auch darin, dass sie sich durch häufigen Gebrauch nicht etwa abnutzen. Vielmehr ist das Gegenteil der Fall: Je beharrlicher Sie die „Spielverderber" einsetzen, umso stärker wirken sie. Aber eines versteht sich von selbst: Ernstzunehmende Kritik sollten Sie mit diesem Mittel nicht abtun.

„Schön für dich"

Es ist der klassische Spielverderber, den Sie vielleicht noch aus Ihrer Kinderzeit kennen. Da gießt jemand seine ganze Häme über Sie aus und Sie bemerken mit einem Schulterzucken: „Schön für dich." Es gibt noch die Varianten „Pech für dich", „Kann man nix machen" und „Schon okay." Mit solchen Bemerkungen kann niemand etwas anfangen. Sie sind weder witzig noch aggressiv. Und deshalb sind sie so geeignet, alle Provokationen und Sprüche an sich abperlen zu lassen, die zu dumm erscheinen, um darauf ernsthaft zu antworten. Manchmal empfiehlt es sich, die Bemerkung noch kurz zu wiederholen – mit dem Zusatz „Du findest..." oder „Ihrer Ansicht nach..."

Beispiele

„Du läufst hier rum wie eine Vogelscheuche." – „Du findest, ich laufe rum wie eine Vogelscheuche. Schön für dich."

„Ach was! Sie haben ja Schuppen." – „Schon okay."

„Sie können nicht Auto fahren? Das finde ich unverantwortlich." – „Finden Sie? Pech für Sie."

„Wenn Sie mehr als zwei Glas Wein am Tag trinken, dann haben Sie ein Alkoholproblem." – „Sie finden, ich habe mit mehr als zwei Gläsern am Tag ein Alkoholproblem. Tja, kann man nix machen."

„Sie kennen sich aus"

Ähnlich lapidar ist der Kommentar „Sie kennen sich aus", mit dem Sie haarsträubende Vorwürfe, vernichtende Kritik und abgefeimte Kränkungen niederbügeln können. Um die Sache möglichst abzutun, empfiehlt sich ein kühl distanzierter Tonfall. Vielleicht nicken Sie auch noch dazu. Wenn Sie Ironie und Häme in den Satz legen, fordern Sie Ihren Angreifer heraus, noch einmal nachzulegen. Aber auch das kann ja manchmal in Ihrem Sinne sein. Als Variante empfehlen wir die möglichst nüchterne Frage: „Sind Sie da Experte?"

Beispiele

„Sie würden ja nicht mal in der Baumschule genommen werden." – „Sie kennen sich aus."

„Sie Opportunist!" – „Sie kennen sich aus."

„In Ihrem Büro sieht es aus wie in einem Saustall!" – „Sie kennen sich aus."

„Sie wissen ja gar nicht, was Sie da reden." – „Sind Sie da Experte?"

„Du tust ja fast, als ob das was Schlimmes wäre"

Ein „Spielverderber", der mit einem gewissen Augenzwinkern daherkommt: Sie hören sich den Vorwurf an und erwidern treuherzig: „Sie tun ja fast (so), als ob das etwas Schlimmes wäre." Das wirkt entwaffnend. Manchmal ernten Sie sogar ein Lachen. Als Varianten bieten sich an: „Das macht mich eben so erfolgreich." Und: „Die Männer/Frauen mögen das nun mal."

Beispiele

„Sie haben kein Rückgrat." – „Sie tun ja fast, als ob das etwas Schlimmes wäre."

„Ihre Leute tanzen Ihnen auf der Nase herum." – „Sie tun ja fast so, als ob das was Schlimmes wäre."

„Sie verstehen nicht das Geringste von Menschenführung." – „Das macht mich eben so erfolgreich."

„Sie sehen aus wie eine Tonne." – „Das macht mich eben so erfolgreich."

„Merken Sie eigentlich gar nicht, wie lächerlich Sie sich machen?" – „Die Männer/Frauen mögen das nun mal."

„Ich habe damit kein Problem"

Ein Klassiker, mit dem Sie jeden Stänkerer zum Schweigen bringen. Besonders wirkungsvoll ist dieser „Spielverderber", wenn er von dröhnendem Lachen begleitet wird. Damit stellen Sie ein für alle Mal klar: „Der einzige, der hier Probleme macht, das sind Sie, alte Giftspritze!" Allerdings muss man sagen, dass sich der „kein Problem"-Spruch so rasender Beliebtheit erfreut, dass er schon ziemlich abgedroschen ist.

Aber wenn wir richtig vermuten, haben Sie damit „kein Problem", oder?

Beispiele

„Meine Güte, du färbst dir ja die Haare!" – „Na klar, ich habe damit kein Problem."

„Deine Einstellung ist ja wohl von vorgestern." – „Ich habe damit kein Problem."

„Mit diesem Vorschlag machen Sie sich lächerlich." – „Ich habe damit kein Problem.

Tipp 37:
Die „Spielverderber" sind die kultivierte Methode, Ihrem Gesprächspartner die Tür vor der Nase zuzuschlagen. Daher dürfen Sie sich auf keinen Fall in eine weitere Diskussion hineinziehen lassen und sich womöglich noch rechtfertigen. Wenn Sie erklärt haben, dass irgendetwas für Sie „kein Problem" ist, ist das Thema damit erledigt. Reitet der andere weiter darauf herum, wenden Sie sich einfach ab.

Einfache Konter

Greift uns jemand unfair an, dann würden wir am liebsten die Attacke auf den Angreifer zurücklenken. Doch es ist gar nicht so einfach, jemanden stilecht auszukontern. Wir müssen überlegen, wo wir einhaken können, um die Sache umzudrehen. Und das kostet zu viel Zeit. Denken Sie auch an unser Beispiel mit der „Bürogärtnerin" (S. 62): Frau Frings hätte da am liebsten intelligent gekontert, quasi mit einem klassischen Gegenkonter (S. 222), doch weil ihr die Zeit fehlt, bleibt sie stumm.

Nun gibt es die klassischen Konter auch eine Nummer kleiner, als Version für Einsteiger sozusagen. Damit können Sie
viel Zeit sparen. Und das Erfreulichste dabei ist, dass diese
einfachen Konter nicht weniger wirksam sind.

Der einfache Konter: Lieber dick als doof

Beispiel

Noch einmal zurück zu Frau Frings und ihren Büropflanzen, die sie
gießt. Ihr Kollege Herr Diedenstedt hatte sie mit dem Kommentar
bedacht: „Arme Frau Frings. Hat man Sie jetzt zur Bürogärtnerin
degradiert?" Ihr war die Redensart „den Bock zum Gärtner machen" in den Sinn gekommen. Aber sie wusste nicht so recht, wie
sie daraus eine schlagfertige Antwort machen konnte. Doch
mittlerweile hat Frau Frings die „Lieber dick als doof"-Technik
erlernt und antwortet nun wie aus der Pistole geschossen: „Da bin
ich aber lieber die Bürogärtnerin als der Bürobock."

Das Prinzip ist sehr einfach. Sie greifen den Vorwurf Ihres
Gegenübers auf und verkünden, dass Sie lieber so sind als
irgendetwas anderes – nämlich das, was Sie indirekt Ihrem
Angreifer unterstellen. Nach dem Muster: „Lieber (a) als (b)!"
Wobei es zwischen (a) und (b) *irgendeine* Verbindung geben
muss: inhaltlich, klanglich, über ein bekanntes Sprichwort
oder eine Redensart. Mit diesem Miniaturkonter können Sie
viel Gift verspritzen. Also, aufpassen, dass Sie sich nicht un-
nötig Feinde machen.

> **Tipp 38:**
> Wie Sie beim einfache Konter nach dem Muster „Lieber dick als doof" den zweiten Teil besetzen, ist allein Ihre Sache. Sie müssen es dem anderen nicht mit gleicher Münze heimzahlen, können auch etwas völlig Absurdes einsetzen. Machen Sie es einfach davon abhängig, welche Verbindung Ihnen als erstes in den Sinn kommt.

Geeigneter Partner gesucht

Ihr Konter wirkt umso stärker, je witziger und überraschender die Verbindung ist, die Sie herstellen. Allerdings brauchen Sie in der Praxis nicht besonders wählerisch zu sein. Sie gehen von dem Angriff aus und suchen in Sekundenschnelle einen geeigneten Partner. Dabei werden Sie unter den folgenden Kandidaten am ehesten fündig:

- Der Gegenbegriff: „Schwarz" kontern Sie mit „weiß", „groß" mit „klein", „dick" mit „dünn", „fett" mit „mager", „klug" mit „dumm" („lieber neunmalklug als zehn Mal dumm!").

- Ein Reimwort: Auf „Tisch" sagen Sie „Fisch", auf „Kind" „blind" oder „Rind", auf „wild" sagen Sie „mild" („lieber eine wilde Sau als mild und lau").

- Ein Titel, ein Slogan oder eine Redensart, die Sie auf ein Pärchen führt: Jacke wie Hose, Dick und Doof, Kinder statt Inder, Brot und Spiele, nicht Fisch nicht Fleisch, Baum und Borke, Bock und Gärtner.

Gehen Sie nicht zu schematisch vor. Wandeln Sie ab und ergänzen Sie die Formulierung. Sie können die Pärchenbegriffe hinbiegen, wie Sie es brauchen. So können Sie die Bemerkung „Sie sind vielleicht eingebildet!" kontern mit: „Lieber ein bisschen eingebildet als völlig ungebildet." Oder auf die Bemerkung „Brillenschlange" lässt sich erwidern: „Lieber eine Brillenschlange als eine Blindschleiche." Wenn Sie zwischen (a) und (b) irgendwie eine wortspielerische Verbindung hinbekommen, dann ist das ganz schön schlagfertig.

Beispiel

 Eine Bekannte wirft Frau Tenhagen an den Kopf: „Sie sind aber ganz schön fett geworfen." Die gut genährte Frau Tenhagen bemerkt freundlich: „Lieber ganz schön und fett als mager und ganz hässlich."

Tipp 39:
Die „Lieber dick als doof"-Technik eignet sich am ehesten, um belangloses Gemeckere an sich abprallen zu lassen. Bei bösen Unterstellungen oder Kränkungen sieht das ganz anders aus. Denn Sie sollten daran denken: Im ersten Teil Ihrer Antwort („lieber a") stimmen Sie dem Vorwurf ja zu.

Das Messer umdrehen

Diese Technik ist zwar nicht besonders elegant, aber unverzichtbar, gerade wenn Sie es mit üblen Unterstellungen zu tun haben. Dann sollten Sie das spielerische Element unbedingt zurückfahren und auf den groben Klotz einen groben Keil setzen. In aller Kürze geht es darum, den Vorwurf abzuwehren, umzudrehen und ihn gegen den Angreifer zu richten.

Beispiel

 In einer geselligen Runde will Herr Ewers seinen Kollegen, Herrn Marks, aufziehen mit den Worten: „Sie sind doch genau der Typ, der jedem Rock hinterher pfeift." Herr Marks entgegnet trocken: „Das brauche ich nicht. Aber dass Sie mir das unterstellen, zeigt, dass Sie offenbar nur in solchen Kategorien denken."

Sie gehen in zwei Schritten vor. Zunächst sollten Sie völlig humorlos klarstellen, dass die Unterstellung nicht zutrifft. Sie sollten sich auf keinen Fall aufregen, aber noch weniger dürfen Sie die Sache „lustig" nehmen. Sonst entsteht noch der Eindruck, Sie hätten möglicherweise doch etwas mit der Unterstellung zu tun. Sachliche Kälte ist die angemessene Temperatur für Ihre Reaktion.

Im zweiten Schritt weisen Sie die Unterstellung an den Urheber zurück. Das können Sie ausformulieren wie eben Herr Marks. Sie können die Sache aber auch ganz knapp erledigen.

Beispiel

 „Na, Herr Marks, Sie sind ja auch nicht mehr der Jüngste", erklärt Herr Ewers in geselliger Runde. „Und, fängt die Blase schon an zu laufen?" Herr Marks erwidert: „Ich habe in der Richtung keine Probleme. Im Gegensatz zu Ihnen." Die Runde grölt.

Das unpassende Sprichwort

Dass Sie auf Zitate, bekannte Sentenzen und damit auch auf Sprichwörter zurückgreifen können, haben wir schon angesprochen. Allerdings können Sie Sprichwörter auch einsetzen, um Provokationen abzuwimmeln. Zwingende Voraussetzung ist: Das Sprichwort darf absolut nicht passen. Es kann auch unsinnig, verdreht oder völlig nichts sagend sein. Mit diesem sinnfreien Sprichwort antworten Sie auf einen Angriff, mit der Ihr Gegenüber Sie aus der Reserve locken will.

Beispiel

 Herr Diedenstedt macht sich einen Spaß daraus, seine Kolleginnen mit Ansichten zu ärgern, die er „politisch absolut inkorrekt" nennt. Eines Morgens überrascht er Frau Frings mit der Bemerkung: „Ich habe heute morgen in der Zeitung gelesen, es ist wissenschaftlich erwiesen, dass Frauen keine Stadtpläne lesen können." Frau Frings antwortet nur: „Aber Herr Diedenstedt! Wie heißt es so schön? Der Neid brütet Schwäne aus faulen Enteneiern."

Unpassend passt immer

Sprichwörter, die überall und nirgends passen, sind am besten geeignet. Denn es kann den größten Spaß bereiten, wenn Ihr Gegenüber nicht gleich merkt, dass Sie ihn auf den Arm nehmen wollen, sondern erst einmal darüber nachgrübelt, was Sie ihm wohl damit sagen wollten. Fragt er erstaunt nach: „Was hat denn das damit zu tun?", sagen Sie geheimnisvoll: „Denken Sie mal scharf nach." Oder Sie sagen, wie es ist: „Nichts."

Beispiel: Kleine Sprichwörter-Auswahl

 Es gibt keine Nadel, die an beiden Enden spitz wäre. (aus China)

Tue Gutes und wirf es ins Wasser. (aus Indien)

Niemand kann auf einen Baum steigen, der keine Äste hat. (aus Lappland)

Die Birne hat den Stil hinten. (aus Albanien)

Wer kein Messer hat, kann kein Brot schneiden. (aus Spanien)

Von den 36 Fluchtarten ist das Davonlaufen die beste. (aus China)

Tipp 40:
Mit einem unpassenden Sprichwort können Sie einer Konfrontation elegant ausweichen: Sie lassen die Provokation einfach ins Leere laufen.

Wie Sie unangemessener Kritik begegnen

Weil Urteile so mächtig sind, treffen uns Fehlurteile wie ein Blitz. Jemand mäkelt an uns herum, kanzelt uns ab oder vergreift sich im Ton. Das schreit nach einer schlagfertigen Erwiderung.

In diesem Kapitel lesen Sie

- wie Sie mit der Gegendarstellung gemeine Unterstellungen aushebeln (S. 88) und dem Angreifer durch Nachfragen auf den Zahn fühlen (S. 90),

- wie Sie vergiftete Komplimente auswickeln (S. 94) und die verschiedenen Spielarten der Dolmetschertechnik (S. 98) taktisch klug einsetzen.

Die Macht der Urteile

Beispiel

 Die Arbeitsgruppe von Stefan Pfefferle hat ihre Aufgabe mit viel Engagement erledigt. Beschwingt von der guten Stimmung hat Herr Pfefferle am Computer eine originelle Präsentation erstellt und will sie den versammelten Kollegen vorführen. Doch sein Chef, Herr Steinmann, lehnt sich mit verschränkten Armen zurück und bemerkt gelangweilt: „Diese ewigen Powerpoint-Präsentationen gehen mir langsam auf die Nerven."

Ungerechtfertigte Kritik kann regelrecht wehtun. Wenn Sie sich in ein Projekt reinhängen wie Herr Pfefferle, dann erwarten Sie Anerkennung. Wird Ihre Leistung hingegen mit einem Schulterzucken abgetan oder sogar bekrittelt, sind Sie enttäuscht oder verärgert. Gerne würden Sie etwas dazu sagen, um sich Luft zu verschaffen, aber was?

Oder Sie haben einen Fehler gemacht. Ein Kunde, Kollege oder Ihr Vorgesetzter regt sich gewaltig darüber auf. Er überhäuft Sie mit Vorwürfen, unterstellt Ihnen Faulheit und Unfähigkeit und macht Sie für alle möglichen Missstände verantwortlich. Auch eine solche maßlose Kritik mag niemand auf sich sitzen lassen.

Doch warum machen uns solche Situationen überhaupt so zu schaffen? Warum haben wir ein so starkes Bedürfnis, die Dinge richtig zu stellen? Und wieso fehlen uns meist die Worte? Wieder einmal liegt es daran, dass unsere Souveränität bedroht ist. Wir können es schwer ertragen, wenn jemand so ganz anders urteilt als wir – zumal wenn er *uns* beurteilt.

Für unsere Souveränität ist es ganz entscheidend, dass die anderen uns im Wesentlichen so sehen, wie wir gesehen werden wollen.

Wir wollen fair beurteilt werden

Dabei geht es nicht darum, immer nur Nettigkeiten zu hören. Ein negatives Urteil ist nicht das Problem. Berechtigte Kritik dürfte uns sogar helfen, während wir andersherum ein unangemessenes Lob als peinlich empfinden. Wir möchten einfach nur fair beurteilt werden. Wenn wir uns also gegen ein Fehlurteil zur Wehr setzen wollen, muss es vor allem darum gehen, dass dieses nicht so stehen bleibt. Erheben wir keinen Einspruch, akzeptieren wir es in gewisser Weise, und andere können wieder darauf zurückkommen.

Beispiel

 Bei der nächsten Gruppenarbeitsphase berät das Team von Herrn Pfefferle, wer die Ergebnisse vorstellen soll. Eine Kollegin bemerkt, dass Herr Pfefferle dafür ja nicht in Frage komme, weil er das letzte Mal mit seinem Powerpoint-Vortrag baden gegangen sei.

Wie kommt es zu Fehlurteilen?

Bevor wir überlegen, wie Sie am sinnvollsten reagieren, müssen wir ergründen, was überhaupt hinter den ungerechten Urteilen steckt. Im Wesentlichen lassen sich vier verschiedene Ursachen ausmachen:

- Mangelnde Kompetenz: Der Urteilende versteht zu wenig von der Sache, über die er sich äußert. Erschwerend kommt hinzu: Nicht wenige versuchen mangelnde Kompetenz durch Schärfe im Urteil auszugleichen.

- Desinteresse: Der Urteilende hat überhaupt keine Lust, sich mit der Sache näher zu befassen. Er urteilt nach dem ersten Eindruck und liegt damit häufig falsch.

- Ein verstecktes Motiv: Der Urteilende will mit seiner Kritik etwas ganz anderes erreichen: Vielleicht will er Sie verdrängen, zermürben, Ihnen eine „Lehre" erteilen, sich bei einem Dritten beliebt machen. Oder er kann Sie einfach nicht leiden.

- Meinungsverschiedenheiten in der Sache: Nicht immer müssen persönliche Schwächen oder Abneigungen mit im Spiel sein. Manchmal gibt es auch sachliche Gründe, die zu einem Urteil führen, das wir als ungerecht empfinden.

Bei mangelnder Kompetenz ist die Position des Urteilenden entscheidend: Handelt es sich um Ihren Vorgesetzten oder einen Kunden, ist großes Fingerspitzengefühl erforderlich. Sie können versuchen, ihm durch die Blume zu sagen, dass Sie anderer Auffassung sind. Bei einem Außenstehenden können Sie hingegen die Inkompetenz gnadenlos freilegen. Sie werden sich zwar keinen Freund damit machen, aber Ihr Ruf steht ja auch auf dem Spiel. Bleiben Sie jedoch unbedingt sachlich. So werden Sie Ihre eigene Kompetenz am besten unter Beweis stellen.

Beispiel

 „Sie haben es sich ja leicht gemacht", bemerkt ein neidischer Kollege nach der ansprechenden Präsentation von Herrn Pfefferle. „Ein paar bunte Bildchen aus dem Internet gezogen – und fertig." – „Nun ja, ich weiß ja nicht, welche Bildchen Sie so aus dem Internet ziehen", erwidert Herr Pfefferle. „Aber allein die Recherche der Bilder hat uns einen halben Tag gekostet."

Den Desinteressierten können Sie noch am leichtesten umstimmen. Oft hat er sein Urteil einfach „nur so dahingesagt". Bleiben Sie daher bei der Sache und erklären Sie klipp und klar, wie Sie die Angelegenheit beurteilen. Fordern Sie ihn anschließend auf, Stellung zu nehmen.

Wer ein verstecktes Motiv verfolgt, den werden Sie auch mit den besten Argumenten nicht umstimmen. Bestehen Sie jedoch auf Ihrer Sicht den Dinge (s. Gegendarstellung, S. 88).

Bei Auffassungsunterschieden sollten Sie darlegen, wie Sie den Sachverhalt beurteilen. Ist das dem anderen hinlänglich bekannt, so genügt der knappe Hinweis, dass Sie sich seinem Urteil nicht anschließen.

Damit Sie die passenden Worte finden, werden wir Sie gleich mit den entsprechenden Schlagfertigkeitstechniken bekannt machen: der „Gegendarstellung", der Nachfrage und der unverzichtbaren „Dolmetscher-Technik".

Tipp 41:
Verfolgt Ihr Gegenüber mit seiner Kritik ein verborgenes Motiv, kann es Ihre Position stärken, wenn Sie dieses Motiv zur Sprache bringen. Allerdings sollten Sie das Motiv auch plausibel machen oder belegen können, sonst blamieren Sie sich.

Die Gegendarstellung

Diese Technik wird Sie ein wenig an das „umgedrehte Messer" (S. 80) erinnern, denn auch hier antworten Sie in zwei Schritten. Nur drehen Sie den Vorwurf oder das ungerechte Urteil nicht um, sondern Sie stellen es richtig. Die Sache funktioniert ein bisschen so wie bei den Gegendarstellungen, die die Zeitungen abdrucken müssen, wenn sie eine „unzutreffende Tatsachenbehauptung" aufgestellt haben. Eine schlagfertige Gegendarstellung ist natürlich extrem kurz. Doch verfolgt sie das gleiche Ziel: ein schiefes Urteil gerade zu rücken.

Beispiele

 Herr Pfefferle hat seine Aufgabe gründlich erledigt und präsentiert das Ergebnis seinem Chef, Herrn Steinmann. „Jetzt erst?", fragt der mürrisch. Herr Pfefferle verzieht das Gesicht. Herr Steinmann seufzt: „Wieso brauchen Sie immer so lang?" Herr Pfefferle erwidert: „Ich brauche doch gar nicht lang. Ich achte nur auf die Qualität meiner Arbeit."

Frau Dietz bekommt wegen ihrer Kleidung von ihrer Chefin einen Rüffel: „Wie laufen Sie hier denn rum? Wir sind hier nicht im Massagesalon!" Frau Dietz erklärt selbstbewusst: „Ich laufe keineswegs so herum wie im Massagesalon. Ich bin bei dieser Hitze nur angemessen gekleidet."

Wie Sie sehen, funktioniert die Sache ganz einfach. Sie brauchen sich nicht um Originalität bemühen. Halten Sie einfach in zwei Sätzen dagegen. Das genügt, um sich zu behaupten. Setzt Ihr Gegenüber seine Kritik fort, können Sie, so oft Sie wollen, mit einer Gegendarstellung kontern.

> **Tipp 42:**
> Formulieren Sie eine Gegendarstellung immer klar, knapp und selbstbewusst. Haben Sie keine Angst vor Widerspruch. Sie bestehen ja nur auf Ihrer Sicht der Dinge.

Wie Sie Unterstellungen aushebeln

Die Gegendarstellung ist auch sehr gut geeignet, um Unterstellungen zurückzuweisen. „Ach, Sie wollten wohl früher nach Hause", bemerkt Ihr Chef, „deshalb haben Sie sich so beeilt." Ganz im Sinne der Gegendarstellung antworten Sie: „Ich habe mich keineswegs beeilt. Ich habe nur zügig meine Arbeit erledigt."

Beispiel

„Das war ja zu erwarten", sagt Herr Diedenstedt auf einer Betriebsfeier zu Frau Frings, „Sie haben sich gleich wieder neben den Chef gesetzt ..." Frau Frings wendet sich zu ihm um. Herr Diedenstedt fügt hinzu: „Na ja, was tut man nicht alles für seine Karriere." Frau Frings erklärt in alle Ruhe: „Ich habe mich keineswegs neben den Chef gesetzt. Der Chef hat sich neben mich gesetzt. Und ich glaube, das ist es, was Sie nicht ertragen."

„Das ist Ihre Ansicht"

Sie können den ersten Teil der Gegendarstellung, also die Zurückweisung des Vorwurfs, noch etwas schärfer formulieren. Sie stellen heraus, dass es sich bei dem Urteil oder der Unterstellung um die ganz persönliche Sicht Ihres Gegenübers handelt. Ex-Kanzler Gerhard Schröder hat besonders gern von diesem Stilmittel Gebrauch gemacht, wenn er auf Fragen von Journalisten nicht antworten wollte. Sie können es vor allem dann einsetzen, wenn jemand seine Ansicht als feststehende Tatsache ausgeben will.

Beispiele

 „Sagen Sie mal, Frau Dietz", bemerkt ein Kollege, „wie wollen Sie eigentlich ohne Fachkenntnis die Projektgruppe leiten?" Frau Dietz lächelt selbstbewusst zurück: „Das ist Ihre Ansicht, Herr Knothe, dass ich keine Fachkenntnis besitze. Tatsächlich kenne ich mich bestens auf diesem Gebiet aus." Und mit ausgesuchter Freundlichkeit fügt sie hinzu: „Und ich bin sicher, dass Sie das auch bald feststellen werden."

„Aber Frau Dietz", bemerkt eine andere Kollegin. „Ihr erstes Projekt haben Sie ja schon spektakulär in den Sand gesetzt." Auch mit dieser Bemerkung ist Frau Dietz nicht in Verlegenheit zu bringen: „Das ist Ihre Ansicht. Tatsächlich haben wir ein schwieriges Projekt mit großem Engagement noch zu einem guten Abschluss geführt."

> **Tipp 43:**
> Bei der Richtigstellung sollten Sie keine Heldengeschichten erfinden, sondern Ihre Sicht darlegen. Da können Sie durchaus nuancieren, also beispielsweise einräumen, dass bestimmte Dinge nicht so gut gelaufen sind. Das schwächt Ihre Position keineswegs, sondern spricht nur für Ihre Souveränität.

Die Nachfrage

Eine weitere nützliche Technik, sich gut gegen Ungerechtigkeit zu behaupten, ist die Nachfrage. Im Vergleich zur Gegendarstellung, mit der Sie die Beziehung zu Ihrem Gegenüber etwas eintrüben, lässt sich die Nachfrage sehr viel milder fassen – wenn Sie das wollen. Denn bei dieser Technik halten sich erst einmal zurück und spielen den Ball wieder

Ihrem Gesprächspartner zu, der sich nun näher erklären muss. Dadurch können Sie die Hintergründe besser einschätzen und haben mehr Möglichkeiten, angemessen zu reagieren. Vielleicht hat sich Ihr Gegenüber nur im Ton vergriffen, vielleicht zeigt sich, dass er keine Ahnung hat, vielleicht fällt das vernichtende Urteil unvermittelt in sich zusammen.

„Was meinen Sie damit?"

Wenn Sie jemand angiftet, dann fragen Sie doch einfach zurück: „Wie meinen Sie das?" Oder: „Was meinen Sie damit?" Oder: „Wie kommen Sie darauf?" Dadurch bleiben Sie höflich und souverän und geben Ihrem Gegenüber die Chance, die Sache zu „reparieren". Ansonsten muss er deutlicher werden und sein Urteil näher begründen. Darüber lässt sich aber reden, und häufig ergeben sich einzelne Punkte, an denen Sie einhaken können.

Beispiele

Herr Pfefferle hat seine Aufgabe gründlich erledigt. Sein Chef Herr Steinmann seufzt: „Wieso brauchen Sie immer so lang?" Herr Pfefferle fragt: „Wie meinen Sie das?" – „Na ja, Sie haben fünf Tage für die Geschichte gebraucht", entgegnet Herr Steinmann. „Das lässt sich doch wohl auch in drei Tagen schaffen." – „Wie kommen Sie darauf?" fragt Herr Pfefferle, „wir haben immer fünf bis sieben Tage für Aufgaben dieser Art gebraucht."

Frau Dietz bekommt wegen ihrer Kleidung von ihrer Chefin einen Rüffel: „Wie laufen Sie hier denn rum? Wir sind hier nicht im Massagesalon!" Frau Dietz fragt irritiert: „Wie meinen Sie das?" – „Also, Ihre Kleidung entspricht nicht unserem Stil", erklärt die Chefin. „Was meinen Sie damit?" insistiert Frau Dietz. „Immerhin ist Hochsommer." – „Dann hätten Sie sich ein Sommerkostüm anziehen sollen", sagt ihre Chefin. Frau Dietz: „Das ist aber doch ein Sommerkostüm."

Dass Sie darüber reden, bedeutet noch lange nicht, dass Sie den anderen auch überzeugen können. Doch der Unterschied ist deutlich. Durch Ihre Nachfrage bringen Sie das Gespräch auf eine sachliche Ebene. Sie entfernen sich mehr und mehr von der kränkenden Bemerkung. Und genau darum geht es: In einem sachlichen Gespräch können Sie Ihre Souveränität behaupten. Und manchmal fällt durch eine schlichte Nachfrage ein kränkender Vorwurf auch einfach in sich zusammen.

> **Tipp 44:**
> Die Nachfrage ist bestens geeignet, wenn jemand eine Begriffskeule aus-packt. Unterstellt Ihnen jemand „Stasi-Methoden", so gerät der Betreffende durch die freundliche Nachfrage „Was verstehen Sie eigentlich unter Stasi-Methoden?" gewöhnlich ins Schwimmen.

Vorsicht mit „Definieren Sie erst mal ..."

Wollen Sie Ihren Gesprächspartner etwas härter anfassen, so lautet die Nachfrage (wie im Tipp): „Was verstehen Sie ei-gentlich unter...?" Dabei unterstellen Sie dem anderen, dass er den betreffenden Begriff falsch benutzt und im Grunde keine Ahnung hat, was er da redet. Doch manchmal können Sie sich nur so Respekt verschaffen.

Noch aggressiver und einschüchternder treten Sie auf, wenn Sie den anderen auffordern: „Definieren Sie erst mal ..." Diese Redefigur wirkt auf den ersten Blick sehr stark. Vor allem, wenn Sie auf eine misslungene Erklärung der Gegenseite feststellen können: „Na, sehen Sie, Sie sind nicht mal in der Lage, klar zu sagen, was Sie meinen. So können wir nicht weiterreden." Tatsächlich ist in einer aufgeheizten Diskussion nämlich kaum jemand in der Lage, irgendetwas zur Zufriedenheit der Gegenseite zu „definieren". Sodass Sie mit Sicherheit den anderen herunterputzen können.

Doch der Eindruck von Stärke täuscht. Denn Sie setzen diese Redefigur nur ein, um den anderen zu diskreditieren und die Verständigung lahm zu legen. Damit gewinnen Sie nichts, zumal Ihr Gegenüber nach kurzer Zeit von Ihnen fordern wird, dass Sie doch mal „definieren sollen" – woran Sie ebenfalls scheitern werden.

> **Tipp 45:**
> Werden Sie aufgefordert, etwas „erst mal zu definieren", sollten Sie das ganz gelassen nehmen. Erklären Sie ruhig, dass es nur dann sinnvoll ist, eine Sache zu definieren, wenn beide Seiten an einer Verständigung interessiert sind. Und das könnten Sie jetzt nicht erkennen. Solange beide Seiten nur aufeinander einschlagen, sei die Aufforderung etwas zu definieren nichts weiter als ein „billiger Taschenspielertrick".

Vergiftete Komplimente entlarven

Beispiele

 Kleine Projektfeier. Herr Pfefferberg hat mit viel Eifer und Energie ein schwieriges Projekt erfolgreich abgeschlossen. Da kommt Kollege Wismuth und gratuliert „herzlich" mit den Worten: „Das haben Sie wirklich gut hingekriegt. Na ja, dann haben Sie ja jetzt wieder Zeit für die ernsthaften Aufgaben." Und Kollegin Breuer fügt spitz an: „Für Ihre Verhältnisse haben Sie das Projekt ja wirklich mal schnell durchgezogen."

Frau Fricke hat eine Idee, wie man ein absterbendes Produkt weiterentwickeln könnte. Sie präsentiert sie Herrn Möller, dem

> zuständigen Produktmanager. Mit einem wenig ermutigendem Gesichtsausdruck hört er ihren Ausführungen zu. Am Ende bemerkt er nur spöttisch: „Interessant. Ihre Vorschläge sind zwar nicht durchführbar, aber wirklich originell. Herzlichen Dank dafür."

Kennen Sie solche „vergifteten Komplimente"? Bei diesen verqueren Stellungnahmen weiß man gar nicht, was man sagen soll. Man verspürt einen inneren Groll und fühlt sich verschaukelt oder gedemütigt. Dass es einem die Sprache verschlägt, ist durchaus Absicht. Sie sollen annehmen, man mache Ihnen ein Kompliment. Dann können Sie sich nicht gegen den Angriff verteidigen, der eigentlich in den vermeintlich anerkennenden Worten eingewickelt ist. Einem Tadel können Sie widersprechen, einem Lob oder Kompliment nicht.

Was steckt dahinter?

Wer „vergiftete Komplimente" macht, wagt es nicht, offen zu kritisieren. Deshalb schiebt er ein Lob vor, in das er jedoch einen Widerhaken einbaut. Doch warum tut er das überhaupt? Dafür gibt es zwei sehr unterschiedliche Gründe:

- Ihr Gegenüber will Kritik üben, aber Sie um keinen Preis verletzen. So scheuen manche Führungskräfte offene Worte, weil sie meinen, sie müssten erst mal kräftig loben, sonst würden ihre Mitarbeiter entmutigt.

- Ihr Gegenüber will Sie herabsetzen. Vielleicht fürchtet er Sie als Konkurrent oder Sie sind ihm einfach unsympathisch. Beides kann er nicht zugeben, also tut er so, als meine er es besonders gut mit Ihnen.

Wenn Sie es mit der ersten Version, also harmoniesüchtigen Vorgesetzten oder Kollegen zu tun haben, sollten Sie eher behutsam vorgehen. Versuchen Sie herauszubekommen, was Ihr Gesprächspartner wirklich meint, zum Beispiel mit der Nachfragetechnik (S. 90) Oder bedienen Sie sich der „Dolmetscher-Technik", die wir Ihnen gleich vorstellen werden. Ansonsten können Sie dem anderen zu verstehen geben, dass Sie einen ehrlichen Einwand mehr zu schätzen wissen als ein verlogenes Lob.

Vergiftete Komplimente „auswickeln"

Was aber, wenn Sie durch das vergiftete Kompliment herabgesetzt werden sollen? Das nämlich ist die eigentliche Domäne seiner Anwendung: Jemand möchte etwas Gemeines über Sie sagen, Sie anschwärzen, kann dies aber nicht offen tun; Sie könnten sich ja wehren oder ein anderer Partei für Sie ergreifen. Also schickt er ein Kompliment voraus – als falsche Fährte sozusagen, damit alle denken, er sei auf Ihrer Seite.

Außerdem funktioniert das Kompliment in der Gruppe häufig auch als Reißleine. Stellt sich nämlich heraus, dass alle anderen Sie positiv beurteilen und das „Gift" wenig Unterstützung findet, kann sich der Angreifer auf das Kompliment zurückziehen und noch einmal beteuern, wie „großartig" Ihre Leistung gewesen ist.

Beispiel

Herr Pfefferle hat die Ergebnisse seiner Arbeitsgruppe präsentiert. Sein Kollege, Herr Assmann, bemerkt anschließend: „Sie haben das wirklich gut gemacht, Herr Pfefferle." Und mit einem Seitenblick auf den Vorgesetzten, Herrn Steinmann, fügt er hinzu: „Ich meine, für einen Powerpoint-Vortrag. Ich habe mich kaum gelangweilt. In der ersten Hälfte." – „Das war ein Supervortrag!", platzt Herr Steinmann dazwischen. „Erste Sahne, Pfefferle!" – „Sag ich ja", ergänzt Herr Assmann. „Super. Und wenn man dann noch bedenkt, dass es eine Powerpoint-Präsentation war..."

Es gibt eine ausgezeichnete Methode sich gegen vergiftete Komplimente zur Wehr zu setzen: Sie nennen die Herabwürdigung Ihrer Person einfach beim Namen. Sie wickeln quasi die Mogelpackung des Kompliments auf, damit jeder sieht, was drin steckt. Dabei können Sie die Sache ruhig ein wenig zuspitzen.

Beispiel

Herr Pfefferle hätte auf Herrn Assmanns Kommentar erwidern können: „Sie wollen also sagen, dass ich ein Langweiler bin, für den es eine großartige Leistung ist, wenn man erst in der zweiten Hälfte seines Vortrags einpennt?"

Wenn Sie die Unterstellung offen gelegt, also das Gift herausgeschält haben, dann sollten Sie noch einmal deutlich nachfragen, um alle Unklarheiten auszuräumen: „Habe ich Sie da richtig verstanden? Wollten Sie das damit sagen?"

Beispiel

 Frau Dietz kommt in einem neuen Outfit ins Büro. Ihre Kollegin, Frau Hörster, begrüßt sie mit hintersinnigem Lächeln: „Mein Kompliment, Frau Dietz!" Frau Dietz lächelt zurück, doch Frau Hörster fügt hinzu: „Ich finde es immer gut, wenn sich jemand mal etwas Neues traut." Die Miene von Frau Dietz erstarrt. „Sie wollen sagen", erklärt sie eisig, „meine Kleidung ist so geschmacklos, dass Sie es bewundern, wenn sich jemand in dem Aufzug ins Büro traut. Herzlichen Dank!"

> **Tipp 46:**
> Wickeln Sie vergiftete Komplimente aus, wenn sie Ihnen schaden sollen. Treiben Sie Ihr Gegenüber durch Nachfragen in die Enge und sprechen Sie die angedeutete Kritik oder Unterstellung deutlich an. Ihr Gegenüber muss dann entweder die Kritik zurückziehen oder sie zugeben. Im letzten Fall wissen zumindest, woran Sie sind.

Vorsicht, Ironie!

Sie müssen aufpassen: Gelegentlich wird das vergiftete Kompliment auch ironisch oder gar hämisch eingesetzt. Dann ist das „Auswickeln" im Prinzip auch nicht falsch, nur können Sie nicht damit rechnen, dass Ihr Gegenüber dann klein beigibt. Wie Sie dann reagieren, erfahren Sie im Kapitel „Die große Häme" (ab S. 168).

Die Dolmetscher-Technik

Sie ist eine der wirksamsten Schlagfertigkeitstechniken, die so genannte „Dolmetscher-Technik". Dabei ist sie außerordentlich variabel und lässt Reaktionen unterschiedlicher Härtegrade zu. Sie können lustig, höflich, aggressiv, charmant, frech oder albern sein, ganz wie Sie wollen. Es ist lohnend, sich immer wieder mit der Dolmetscher-Technik zu beschäftigen und sie durch wiederholten Gebrauch zu verfeinern. Mit ihrer Hilfe können Sie sich nicht nur gegen ungerechte Urteile wehren, sondern im Prinzip allen Angriffen begegnen.

Sie spielen Übersetzer

Das Grundprinzip ist ganz einfach: Sie betätigen sich als Dolmetscher und übersetzen die bösartigen Attacken Ihres Gegenübers in eine freundlichere Sprache. Das hört sich nicht sehr schlagfertig an, sondern eher nach gelebter Sozialpädagogik. Doch das ist ein Irrtum, denn als Dolmetscher nehmen Sie es in die Hand, Ihrem Gegenüber zu erklären, was er gerade gesagt hat. Dadurch bleiben Sie souverän und bestimmen, wohin die Reise geht. Ihrem Gesprächspartner wird das nicht immer recht sein, doch dürfte er seine Schwierigkeiten haben, Sie von Ihrem Kurs abzubringen.

Sie gehen auf Vorwürfe nicht ein

Wenn sich jemand über uns äußert, dann neigen wir dazu, darauf einzugehen. Wir beziehen uns auf das eben Gesagte und nehmen dazu Stellung. Immerhin ist ja gerade von uns die Rede. Ein Thema, zu dem wir immer etwas beizusteuern haben. Einige Schlagfertigkeitstechniken (wie die „Gegendarstellung", die Sie gerade kennen gelernt haben) setzen hier an. Ihr Gegenüber wirft Ihnen etwas vor oder unterstellt Ihnen wenig Schmeichelhaftes. Sie bringen sich selbst als Person ein, weisen den Vorwurf zurück und stellen die Sache richtig.

Bei der Dolmetscher-Technik ist das anders: Sie als Person verschwinden gewissermaßen von der Bühne. Sie begeben sich außerhalb der Schusslinie. Sie tun nichts anderes als die Äußerungen Ihres Gesprächspartners zu wiederholen – allerdings mit anderen Worten. Auf diese Weise verwandelt sich zum Beispiel eine Beleidigung in ein Kompliment.

Beispiel

 „Sie sind vielleicht eine Krücke", blafft Herr Ewers seinen Kollegen Herrn Marks an. Doch der erwidert trocken: „Sie meinen, ich bin die Stütze des Unternehmens."

Ihre Übersetzung muss nachvollziehbar sein

Sie können nicht einfach nach Belieben harte Worte in butterweiche übersetzen (oder umgekehrt). Was Sie brauchen, das ist eine Verbindung, eine gedankliche Brücke. Und die darf nicht über drei Ecke führen.

Sehen wir uns genauer an, wie aus einer „Krücke" eine „Stütze" wird: „Krücke" ist eine abwertende Bezeichnung für jemanden, der unfähig und schwach ist. Für jemanden, der eigentlich eine Krücke braucht. Für Ihre Übersetzung brauchen Sie ein positives Merkmal der Krücke. Eines, das überall bekannt ist, damit Ihr Gegenüber es auch nachvollziehen kann. Die Krücke stützt, sie dient als Stütze. Also kann man für Krücke durchaus Stütze sagen. Und wenn sie noch das Unternehmen stützt, dann ist die positive Übersetzung perfekt.

Beispiel

> „Sie sind vielleicht eine Krücke", blafft Herr Ewers seinen Kollegen
> Herrn Marks an. Doch der kontert: „Sie meinen, ich bringe den
> Laden voran."

Nun ja, das war nicht ganz so zündend. Doch warum? Immerhin bringt die Krücke denjenigen, der sie benutzt, doch voran. Das stimmt zwar, aber die Aussage ist zu weit weg von dem Begriff „Krücke". Herr Marks müsste also die Verbindung etwas enger schließen.

Beispiel

> Herr Marks kontert: „Sie meinen, als Gehhilfe bringe ich den
> Laden voran."

Auch nicht ganz überzeugend, oder? Und woran lag es diesmal? Die Formulierung klingt zu gestelzt. Und der Begriff „Gehhilfe" ist zu nahe an der „Krücke"; Sie wollen ja etwas Positives über sich – und die Krücke – sagen.

Beispiel

> Herr Marks kontert: „Sie meinen, ohne mich käme dieser lahme
> Laden gar nicht voran."

Das ist vielleicht nicht ganz so schlagend wie die Verbindung zur „Stütze", doch immerhin ganz passabel. Was vollkommen genügt. Wenn Sie einen Angriff parieren, können Sie, wie schon oft betont, nicht an Ihren Formulierungen feilen. Im Übrigen muss Ihre „Übersetzung" gar nicht immer witzig sein, sie kann den Angriff auch ganz einfach nur entschärfen.

Die drei Zungen der Dolmetscher-Technik

Hinter der Dolmetscher-Technik verbergen sich eigentlich drei Schlagfertigkeitstechniken, die Sie ganz unterschiedlich einsetzen. Was wir Ihnen gerade vorgestellt haben, war die Dolmetscher-Technik „Honigzunge", mit der Sie giftige Angriffe in süße Schmeicheleien umdeuten. Als schlagfertiger Dolmetscher verfügen Sie aber noch über zwei weitere „Zungen":

- die Giftzunge, mit der Sie versteckte Kränkungen noch verletzender machen.

- die diplomatische Zunge, mit der Sie scharfe Töne mildern und sich in eine bessere Position bringen.

Die Honigzunge

Wenn Sie mit der Honigzunge übersetzen, so parieren Sie den Angriff eigentlich mit einem Witz. Dass Sie den Sinn verdrehen, ist natürlich offensichtlich. Und so soll es auch sein. Denn Sie haben die Lacher auf Ihrer Seite, wenn es Ihnen gelingt, über Ihre Gedankenbrücke etwas zusammenzubringen, was eigentlich nicht zusammengehört. Nach diesem Prinzip funktionieren auch viele Witze. Wir erfreuen uns an „unmöglichen" Gedankenverbindungen und lachen darüber.

Tipp 47:
Wenn Sie die Honigzunge einsetzen, ist es nicht empfehlenswert, Ihre Antwort mit einem „Sie meinen ..." einzuleiten. Humorlose Gesprächspartner könnten dann mit einem „Nein, das meine ich nicht!" kontern, und Ihr schönes Wortspiel wäre beim Teufel. Um das zu verhindern, lassen Sie einfach das „Sie meinen..." weg und leiten Sie Ihre Antwort mit einem schlichten „Ja" ein.

Ohne Vorbereitung geht es nicht

Die Honigzunge ist ebenso spielerische wie anspruchsvolle Technik, mit der Sie Eindruck machen. Wenn Sie einen Angriff mit der Honigzunge parieren, dürfen Sie sich für Ihre Geistesgegenwart und Ihren schnellen Witz bewundern lassen. Das bedeutet offen gestanden, dass Sie nicht unbedingt damit rechnen sollten, dass Ihnen so ein Konter einfach zufliegt, wenn Sie angegriffen werden. Tatsächlich können Sie sehr viel für Ihre Honigzunge tun, wenn Sie sich vorbereiten. Machen Sie sich also Gedanken, was man Ihnen so an den Kopf werfen könnte. Dass sich die Wörter, mit denen Menschen angegriffen oder beleidigt werden, häufig wiederholen, erleichtert die Sache stark.

Nicht jeder Angriff lässt sich umdeuten

Für jede Übersetzung brauchen Sie einen „Haken", an dem Sie etwas Positives ins Spiel bringen können. Plumpe Beleidigungen wie „Idiot", „Mistkerl" oder „Krampfhenne" eignen sich nicht für die Honigzunge. Einmal, weil Sie da keinen Haken finden werden, dann aber auch, weil die Honigzunge eine viel zu spielerische Technik ist, mit der Sie grundsätzlich keine harten Angriffe kontern können. Wenn Sie jemand ernsthaft kränkt, sollten Sie keine Wortspiele darüber machen. Auf der anderen Seite können Sie kaum besser zum Ausdruck bringen, dass Sie nicht verletzt sind, als mit einem Wortspiel.

Herabsetzende Vergleiche aushebeln

Besonders gut eignet sich die Honigzunge, wenn jemand Sie mit einem Vergleich herabsetzen will. Die „Krücke" haben wir erwähnt. Weitere beliebte Kandidaten sind das „Kamel", die „Schießbudenfigur" oder „die Axt im Wald". Wie würden Sie diese wenig schmeichelhaften Bezeichnungen übersetzen?

Beispiele

 Herr Ewers schüttelt den Kopf: „Herr Marks, Sie sind ein Kamel." Herr Marks erwidert schmunzelnd: „Ja, ich bin am belastbarsten von der ganzen Karawane."

Herr Ewers: „Was sind Sie nur für eine Schießbudenfigur, Herr Marks!" Der nickt: „Stimmt, jeder versucht, mich zu treffen."

Herr Marks beklagt sich über Herrn Ewers: „Sie benehmen sich wie die Axt im Wald!" Herr Ewers erwidert: „Sie meinen, vor mir sinken die stärksten Bäume auf den Boden."

Herr Marks zu Herrn Ewers: „Sie sind wirklich das Allerletzte!" Der ist auch damit einverstanden: „Ja, das Beste kommt zum Schluss."

Herr Ewers tadelt Herrn Marks: „Ihre Ansichten sind doch überholt!" Herr Marks hat nichts dagegen einzuwenden: „Ja, aber alle, die mich überholt haben, sind mit ihren Ansichten gegen die Wand gefahren!"

Die Giftzunge

Die Giftzunge haben Sie bereits kennen gelernt, Sie machen nämlich von ihr Gebrauch, wenn Sie ein vergiftetes Kompliment auswickeln. Aber darüber hinaus eignet sich die Giftzunge bestes, um auf Taktlosigkeiten souverän zu reagieren und Manipulationsversuche abzublocken.

Beispiel

„Was hältst du von dem Kostüm?", fragt Frau Frings eine Freundin, der sie ihr neues Kleidungsstück vorführt. „Also, ich finde, *dir* steht es ausgezeichnet", sagt die mit verräterischer Betonung. Frau Frings stutzt: „Du meinst, das Kostüm ist so hässlich, dass es bestens zu mir passt."

Herr Pfefferle erzählt von einem spannenden Fernsehfilm. Seine Kollegin, Frau Overdieck, schaltet sich ein: „Ich schaue ja kaum Fernsehen. Ich habe Besseres zu tun." Herr Pfefferle kontert: „Sie wollen sagen, ich bin ein träger Sack, der seine Freizeit vor der Glotze abhängt, weil ihm nichts Besseres einfällt? Danke für das Kompliment!"

Mit der Giftzunge spitzen Sie die Bemerkung zu. Sie machen sie noch um einiges boshafter, als sie ist. Sie schälen die Gemeinheit, die in der Äußerung steckt, heraus und halten sie Ihrem Gesprächspartner unter die Nase. Seien Sie deutlich, denn auch der unsensibelste Klotz muss merken, dass er zu weit gegangen ist. Und Sie sind das ungute Gefühl los, das solche Taktlosigkeiten auslösen, wenn man sie einfach nur hinunterschluckt.

Wie reagiert Ihr Gegenüber?

Beispiel

Noch mal zur Kleidervorführung. Frau Frings stutzt: „Du meinst, das Kostüm ist so hässlich, dass es bestens zu mir passt." Die Freundin schlägt die Hände vor den Mund: „Mein Gott, was habe ich gesagt! Kannst du mir noch mal verzeihen?" Natürlich kann Frau Frings das, und alles ist wieder gut.

Manchmal werden Sie eine prompte Entschuldigung bekommen. Häufiger jedoch wird Ihr Gegenüber bestreiten, dass er es so gemeint hat, wie Sie es verstanden haben: „Wie kommst du denn darauf?", fragt er dann verwundert. Oder er findet: „Sie sind vielleicht empfindlich." Dann erklären Sie ihm: „Ich bin überhaupt nicht empfindlich. Aber das haben Sie mir gerade eben zu verstehen gegeben."

Tipp 48:
Wenn Ihr Gegenüber findet, dass Sie ihn falsch verstanden haben, dann fragen Sie einfach nach: „Wie haben Sie es denn gemeint?" Darauf folgt in der Regel eine wesentlich freundlichere Version, die Sie mit der Frage kommentieren können: „Und warum haben Sie das dann nicht so gesagt?"

Schließlich gibt es noch die harten Fälle. Die einen erklären vielsagend: „Na ja, wenn du das so siehst." Ihre Antwort könnte lauten: „Ja, so sehe ich das. Wie siehst du das denn?" Weicht Ihr Gesprächspartner wieder aus oder ergeht sich in weiteren Taktlosigkeiten, fassen Sie seine Aussagen mit Ihrer Giftzunge noch einmal zusammen und fügen hinzu: „Also, ich finde das beleidigend." Der Punkt geht an Sie.

Und dann gibt es noch die harten Fälle, die nun erst recht ausfallend werden: „Spinnst du? Wie kannst du so einen Mist labern?" Wie Sie mit wütenden Gesprächspartnern umgehen, erfahren Sie noch genauer im siebten Kapitel. Hier nur so viel: Lehnen Sie sich entspannt zurück und bemerken Sie: „Deine Reaktion zeigt ja bestens, dass ich ins Schwarze getroffen habe."

Manipulationen abblocken

Mit der Giftzunge können Sie sich auch dagegen wehren, wenn Sie jemand zu manipulieren versucht. Sie bringen einfach die Motive zur Sprache, die Sie dem anderen unterstellen. Dabei sollten Sie Ihre Aussage durchaus ein bisschen zuspitzen. Gleichzeitig können Sie Ihrer Entlarvung die Aggressivität nehmen, indem Sie Ihre Übersetzung mit einem Lachen oder Augenzwinkern begleiten.

Beispiele

> „Wenn Sie heute noch den Vertrag abschließen", bemerkt der Verkäufer zu Herrn Rechlin, „kann ich noch fünf Prozent Preisnachlass für Sie rausholen." Herr Rechlin kratzt sich am Kopf und erwidert schmunzelnd: „Sie meinen, Sie lassen es sich fünf Prozent kosten, wenn ich überstürzt den Kaufvertrag unterzeichne."
>
> „Bei diesem Produkt schenken wir Ihnen die Mehrwertsteuer", verkündet der Verkäufer stolz. Herr Rechlin erwidert: „Sie meinen, Sie haben den Preis um 19 % gesenkt, damit Sie diesen Ladenhüter noch irgendwie loswerden."
>
> „Der Berater von der ABC-Bank empfiehlt ja nur hauseigene Produkte. Das werden Sie bei uns nicht erleben", versichert der Anlageberater. Herr Rechlin reagiert amüsiert: „Sie wollen sagen, dass Ihre hauseigenen Produkte so schlecht sind, dass Sie die unmöglich empfehlen können."

Keine Frage, mit diesen boshaften Übersetzungen ärgern Sie den anderen ein bisschen. Aber das können Sie sich ruhig herausnehmen, wenn der andere Sie für dumm verkaufen will. Sie müssen ihn ja nicht heruntermachen. Sie signalisieren nur, dass er Ihnen nicht jeden Blödsinn erzählen kann. Mit einem Wort, Sie zeigen sich souverän.

Hören Sie nicht das Gras wachsen

Bei allem Spaß am Unterstellen und Zuspitzen sollten Sie es mit der Giftzunge aber nicht übertreiben. Wenn Sie irgendwelche haarsträubenden Vorwürfe in eine harmlose Bemerkung hineinlesen, machen Sie sich lächerlich. Ihre Schlussfolgerung muss bei aller Zuspitzung nachvollziehbar bleiben. Sonst fragt sich Ihr Gesprächspartner zu Recht: „Warum ist der nur so überempfindlich und fühlt sich sofort angegriffen? Ist an den Vorwürfen, die er da in eine Äußerung hineingelesen hat, womöglich sogar etwas dran?" Und noch etwas sollte Ihnen nicht passieren. Dass Ihr Gegenüber auf Ihre Entlarvung hin erklärt: „Genau so ist es. Sie haben es erfasst."

Tipp 49:
Wenn Ihre Zuspitzung zu giftig ausgefallen ist, kann es vorkommen, dass Ihrem Gegenüber die Kinnlade herunterfällt. In solchen Fällen können Sie das Augenzwinkern häufig noch nachliefern: „Nein, war nur Spaß", erklären Sie mit glockenhellem Lachen. Und wenn der andere immer noch etwas kariert guckt, dann entschuldigen Sie sich bei ihm.

Die diplomatische Zunge

Beispiel

 Herr Löffler blickt ins Büro seiner Sekretärin. „Wo bleibt die Tabelle, Frau Ihle?" Die jedoch ist außer sich: „Tabelle, Tabelle, sehen Sie nicht, was hier los ist? Erst kommen Sie mit dem Brief, dann soll ich Herr Gerges hinterher telefonieren! Ich mache, ich tue, und jetzt kommen Sie mit Ihrer Tabelle! Man wird hier behandelt wie der letzte Dreck!" Herr Löffler zieht sich mit der Bemerkung zurück: „Frau Ihle, jetzt regen Sie sich doch ab…"

Kein souveräner Abgang von Herrn Löffler. Mit der „diplomatischen Zunge" wäre ihm das nicht passiert, eine Schlagfertigkeitstechnik, die Kommunikationstrainern besonders am Herzen liegt. Und warum? Sie ist nicht besonders boshaft, nicht besonders witzig, aber sie fördert das menschliche Miteinander. Mit der diplomatischen Zunge haben Sie vielleicht weniger Lacher auf Ihrer Seite, dafür aber auch weniger Feinde im Büro.

Den Angriff auf die sachliche Ebene umlenken

Mit der diplomatischen Zunge glätten Sie die Wogen und sorgen dafür, dass sich die Gemüter wieder beruhigen. Während Sie sonst durch schlagfertige Bemerkungen Konflikte eher noch anheizen, kühlen Sie als diplomatischer Dolmetscher die Emotionen ab und bringen das Gespräch wieder auf eine sachliche Ebene zurück. Und wie machen Sie das? Ganz einfach: Sie verwandeln eine kränkende Bemerkung in eine halbwegs verträgliche Aussage.

Beispiel

Jemand fährt Sie an: „Sie sind wirklich der größte Idiot, der mir über den Weg gelaufen ist!", dann verschieben Sie diese wenig hilfreiche Aussage auf eine andere Ebene. Sie könnten zum Beispiel übersetzen: „Sie meinen, Sie sind ungerecht behandelt worden."

Sie tun also genau das Gegenteil von dem, was Sie bei der „Giftzunge" getan haben: Alles Gift, alle bösen Töne lassen Sie unter den Tisch fallen. Daraufhin kann Ihr Gegenüber Ihrer Übersetzung zustimmen. Zum Beispiel, indem er sagt: „Na, und ob ich ungerecht behandelt worden bin!" Das Gespräch kann auf einer sachlichen Ebene weiterlaufen. Wird Ihr Gegenüber wieder unsachlich, holen Sie ihn mit einer weiteren diplomatischen Übersetzung einfach wieder zurück.

Mit der diplomatischen Zunge haben Sie eine schwere Beleidigung souverän umgedeutet. Sie müssen sich dagegen nicht mehr zur Wehr setzen, wenn Sie das nicht wollen. Es wäre übrigens ein großer Irrtum, diese Technik für harmlos zu halten und als „Schlagfertigkeit für Schwächlinge" abzutun. Unter dem Strich erreichen Sie nämlich mit der „diplomatischen Zunge" häufig am meisten. Sie entschärfen nicht nur die Angriffe des anderen, sondern lenken die Aufmerksamkeit auf die Aspekte, die *Ihnen* wichtig sind.

Wenn Ihr Gegenüber unter Dampf steht

Nicht immer werden Sie gleich den Schalter umlegen können und mit Ihrem Gegenüber in ein sachliches Gespräch einsteigen. Manchmal muss er einfach noch Dampf ablassen. Wenn Sie jedoch beharrlich mit der Diplomatenzunge übersetzen, haben Sie die besten Chancen, dass er schließlich auf die sachliche Ebene umsteigt. Sie sind dabei derjenige, der seine Souveränität bewahrt, der andere, der sich von seinen Emotionen gefangen nehmen lässt und damit nicht souverän ist.

Nicht immer allerdings können Sie erwarten, dass Ihr Gegenüber Ihrer Deutung zustimmt. Vielleicht widerspricht er sogar vehement. Aber das macht überhaupt nichts. Fordern Sie ihn auf, die Sache richtig zu stellen. Oder oft noch besser: Bieten Sie eine weitere „diplomatische Übersetzung" an. Mit etwas Übung können Sie auf diese Weise das Gespräch sehr subtil lenken. Dies gilt etwa für den Fall, dass Sie als Vorgesetzter mit Angriffen eines Mitarbeiter konfrontiert werden. Mit der

Diplomatenzunge führen Sie ihn auf eine gemeinsame Ebene der Verständigung zurück.

Beispiel

Noch einmal zu Frau Ihle und ihrem Vorgesetzten, Herrn Löffler. Frau Ihle ist außer sich: „Man wird hier behandelt wie der letzte Dreck!" Doch jetzt bleibt Herr Löffler ruhig: „Sie meinen, ich habe Sie ungerecht behandelt?" – „Ach was!" entgegnet Frau Ihle, „nicht ungerecht, sondern einfach nur schlecht! Ich kümmere mich um so vieles, aber Sie tun nichts für mich. Und Sie machen immer solche verletzende Kommentare, wenn Ihnen was nicht in den Kram passt." Herr Löffler überlegt: „Sie meinen, auch wenn ich in der Sache recht habe, schlage ich den falschen Ton an?" – „Ja, so ungefähr."

Sie schützen Ihre Würde

Aber nicht nur aus einer stärkeren Position heraus lässt sich die diplomatische Zunge nutzen, sondern auch, wenn der Angreifer über einem steht, etwa der eigene Vorgesetzte ist. Dabei filtern Sie einfach aus seinen Worten die kränkende Botschaft heraus.

Beispiel

Frau Ihle steckt den Kopf ins Büro von Herrn Löffler: „Hätten Sie wohl mal zwei Minuten Zeit?" – „Ach, du lieber Himmel, Sie haben mir jetzt gerade noch gefehlt!", blökt Herr Löffler. Frau Ihle lässt sich nicht beirren: „Sie meinen, Sie bräuchten noch fünf Minuten?" – „Geben Sie mir zehn!", entgegnet der entnervte Herr Löffler.

Auch wenn sich die Verhältnisse nicht so schnell zum Besseren wenden, kann die diplomatische Zunge sehr nützlich sein. Denn sie hält die Tür immer offen, zu einer normalen Unterhaltung zurückzukehren. Selbst wenn der andere sich nicht auf die moderateren Töne einlässt, hat die Technik ihren Sinn: Man gerät selbst nicht aus der Fassung.

Beispiel

> Frau Ihle zu Herrn Löffler „Hätten Sie wohl mal zwei Minuten Zeit?" Der blökt zurück: „Ach, du lieber Himmel, Sie haben mir gerade noch gefehlt!" Frau Ihle: „Sie meinen, Sie bräuchten noch fünf Minuten?" – „Sind Sie noch bei Trost? Sehen Sie nicht, was hier los ist?", blafft Herr Löffler zurück. Frau Ihle: „Sie meinen, ich soll in mein Büro zurückkehren, auch wenn ich Sie nur kurz etwas Wichtiges fragen ..." Herr Löffler fällt ihr ins Wort: „Mir ist schnurzpiepegal, wohin Sie zurückkehren! Von mir aus können Sie in die Hölle zurückkehren! Hauptsache, Sie lassen mich in Ruhe!" Frau Ihle: „Sie sind ja außer sich. Sagen Sie mir bitte Bescheid, wann Sie wieder ansprechbar sind, Herr Löffler."

Nun sind bei einem Wutanfall noch andere Dinge zu beachten, wie Sie im Kapitel „Bei Wutausbrüchen souverän bleiben" (ab S. 143) erfahren werden. Wenn Ihr Gegenüber „austickt", ist es mit der Diplomatenzunge nicht mehr getan. Aber mit dieser Technik verhindern Sie eben in vielen Fällen, dass es überhaupt so weit kommt.

So steuern Sie mit der Diplomatenzunge

Die Diplomatenzunge dient nicht nur zu Besänftigung Ihres Gesprächspartners, sondern Sie können ihn damit auch subtil lenken. Denn es bleibt Ihnen überlassen, wie Sie die Äußerung Ihres Gegenübers „übersetzen". Je nachdem, was Ihnen am besten in den Kram passt, können Sie mal den einen, mal den anderen Aspekt hervorheben.

Doch um welche Aspekte geht es dabei? Die Kommunikationstrainer Christoph und Matthias Dahms haben eine Technik entwickelt, die unserer Dolmetscher-Technik sehr ähnelt, die sie die „Spiegeltechnik" genannt haben. Bei ihrem Modell unterscheiden sie fünf Ebenen. Und es spricht nichts dagegen, diese fünf Ebenen als „Übersetzungshilfe" für die Dolmetscher-Technik – vor allem in ihrer diplomatischen Spielart – zu übernehmen. Unter der Perspektive des Angesprochenen sind diese Ebenen folgende:

- Ich-Ebene: Sie lassen die Aussage bei Ihrem Gegenüber (Sie „spiegeln" das Ich): „Sie meinen, Sie sind ungerecht behandelt worden." Der Vorteil: Sie richten die Aufmerksamkeit auf den anderen und seine Befindlichkeit; Sie sind nicht mehr in der Schusslinie.

- Du-Ebene: Sie beziehen die Aussage auf sich als den Angesprochenen: „Sie meinen, ich hätte die Unterlagen nicht vergessen dürfen." Der Vorteil: Sie finden schnell heraus, was Ihr Gegenüber von Ihnen erwartet. Sie können den Angriff entschärfen und dazu Stellung nehmen.

- Wir-Ebene: Sie treffen eine Aussage über sich und Ihren Gesprächspartner: „Sie meinen, wir sollten uns heute nicht begegnen." Vorteil: Wenn es sich um ein Problem der persönlichen Beziehung handelt, kommen Sie hier am schnellsten weiter.

- Info-Ebene: Sie beziehen sich auf die Fakten: „Sie meinen, der Auftrag hat Zeit bis morgen." Vorteil: Sie nehmen die Emotionen raus. Sie verständigen sich darüber, was jetzt überhaupt geschehen soll.

- Appell-Ebene: Sie verstehen die Aussage des anderen als Aufforderung: „Sie meinen, Sie wollen heute von niemandem gestört werden." Vorteil: Sie finden schnell heraus, was der andere überhaupt will. Das kann die Auseinandersetzung stark abkürzen.

Die fünf Ebenen geben Ihnen die Möglichkeit, stark zu variieren. Sie werden merken, wie sich das Gesprächsklima schlagartig ändert, sobald Sie auch nur auf einer Ebene Einigkeit hergestellt haben.

> **Tipp 50:**
> Mit dem Übersetzen allein ist es allerdings nicht getan. Die „diplomatische Zunge" hilft Ihnen, dass Sie eine Grundlage finden, auf der Sie sich verständigen können. Deshalb ist es wichtig, dass Sie zu den „übersetzten" Aussagen Ihres Gegenübers auch immer mal wieder Stellung beziehen. Ganz gleich, ob zustimmend oder ablehnend.

Ich-Botschafen nicht vergessen

Der Psychologe Thomas Gordon hat das Konzept des „aktiven Zuhörens" entwickelt, das ein wenig an die „Diplomatenzunge" denken lässt (wenn der Hintergrund auch ein anderer ist). Doch eine weitere Technik der „Gordon-Methode" verdient es, in diesem Zusammenhang hervorgehoben zu werden. Es handelt sich darum, dass Sie „Ich-Botschaften" aussenden sollten. Das hat nichts mit Egoismus zu tun, sondern es soll Ihnen helfen, mit Ihrem Gegenüber eine Einigung zu erzielen.

Es ist nämlich so, dass „Du-Botschaften" sehr viel stärker auf Konfrontation gehen, weil sie mitteilen: „Du musst das und das tun." Das versetzt den Angesprochenen ganz automatisch in eine Verteidigungshaltung. Ganz anders bei den Ich-Botschaften: Hier vermitteln Sie Ihrem Gesprächspartner, dass Sie es sind, der dieses und jenes von ihm möchte oder erwartet. Dem kann er sich weit weniger entziehen. Er muss ganz anders argumentieren.

Wir stoßen hier an eine Grenze unseres Themas. Doch bezogen auf die „Diplomatenzunge" möchten wir Ihnen empfehlen, gelegentlich „Ich-Botschaften" einzuflechten. Sonst kommt Ihr Gesprächspartner womöglich noch auf die Idee, es gehe nur um ihn und Sie hätten buchstäblich nichts zu melden.

Beispiel

 Herr Löffler fühlt sich durch Frau Ihle gestört und geht in die Luft: „Von mir aus können Sie in die Hölle zurückkehren! Hauptsache, Sie lassen mich in Ruhe!" Frau Ihle kontert trocken: „Ich finde, Sie könnten mir auch höflicher sagen, dass Sie nicht gestört werden wollen."

Frauen und Männer

Bei kaum einem anderen Thema ist Schlagfertigkeit so sehr gefragt wie beim Verhältnis zwischen den Geschlechtern. Die Palette reicht von der witzigen Frotzelei über verrutschte Scherze bis hin zu rüden Beleidigungen – und Sie, egal ob weiblich oder männlich, müssen darauf reagieren.

In diesem Kapitel lesen Sie,

- wie Sie bei nervtötenden Sprüchen (S. 123), Männerwitzen (S. 134) und selbst den dümmsten Klischees (S. 117) noch trumpfen,

- was Sie mit der Charmeoffensive erreichen (S. 127) und welche Gegenwehr bei plumper Anmache (S. 131), anzüglichen Bemerkungen (S. 137) und „Warmduscher"-Beleidigungen (S. 140) greift.

Die kleinen Unterschiede

Beispiel

 „Na, Frau Richter", begrüßt Herr Graack seine Kollegin, die atemlos ins Büro geeilt kommt. „Sie sind ja eine halbe Stunde zu spät?" Augenzwinkernd fügt er hinzu: „Mal wieder Probleme mit dem Einparken gehabt?" – „Nein, wie kommen Sie denn darauf?", fragt Frau Richter verständnislos zurück.

Frauen sind anders, und Männer erst recht. So viel steht schon mal fest. Alles andere ist weit weniger sicher. Und deshalb kann man endlos darüber reden (wie, verrät Ihnen unser Buch „Small Talk. Die besten Themen", ebenfalls bei Haufe erschienen). Manchmal sind diese Gespräche recht vergnüglich. Häufig aber auch nicht. Denn viele nehmen diese Angelegenheit bitterernst. Erschwerend kommt hinzu, dass sie ganz genau zu wissen glauben, wie Frauen und Männer denn nun eigentlich „sind"; oder zumindest, wie sie sein sollten. Denn wenn jemand Sie so richtig kränken will, dann bekommen Sie zwei Dinge mit Sicherheit zu hören: erstens, dass Sie „doof" sind, und zweitens, dass Sie „keine richtige Frau" oder „kein richtiger Mann" sind.

Machen Sie sich locker

Nun hat das Verhältnis zwischen den Geschlechtern ja durchaus auch seine erfreulichen Seiten, wie die Menschheitsgeschichte zeigt. Wollen Sie bei diesem „prickelnden" Thema schlagfertig reagieren, dann hilft es sehr, wenn Sie die Sache nicht allzu verbissen sehen, sondern eher spielerisch angehen.

Schlagfertigkeit können Sie hier gleich aus zwei Gründen brauchen:

- um Komplimente zu erwidern, dumme Sprüche zu kontern und die Frotzeleien der Kollegen souverän zurückzugeben,

- um einen passenden Spruch anzubringen, wenn Ihr Gegenüber Sie herabsetzen möchte.

Klischees? Spielen Sie mit!

Wenn jemand auf Ihre Geschlechtszugehörigkeit anspielt, dann greift er gewöhnlich tief in die Klischee-Kiste. So wie Herr Graack, dem reflexartig das vermeintliche „Einparkproblem" von Frauen in den Sinn kommt, wenn seine Kollegin zu spät ins Büro kommt. Manche reagieren darauf absolut verständnislos, so wie Frau Richter. Andere fühlen sich angegriffen und meinen, dass sie sich verteidigen müssten.

Nun muss man zugeben, dass solche Klischees häufig nicht sehr schmeichelhaft und auch nicht sehr intelligent sind. Und doch müssen Sie nicht unbedingt dagegen angehen und sie richtig stellen. Das wirkt schnell verkrampft und humorlos. Denn eine Äußerung wie die von Herrn Graack will ja niemanden verletzen, kritisieren oder bloßstellen. Vielmehr soll sie lustig sein, ein Beitrag zur Bürounterhaltung sozusagen. Wer sie ernst nimmt, ist selbst schuld.

Ein souveräner Umgang mit solchen Klischees besteht vielmehr darin, selbst in die Klischeekiste zu greifen und kräftig mitzuspielen.

Beispiel

 „Mal wieder Probleme mit dem Einparken gehabt?", bemerkt Herr Graack zu seiner verspäteten Kollegin. „Na klar", erwidert Frau Richter lächelnd. „Ich habe ein Problem mit dem Einparken gehabt. Aber Sie haben jetzt ein Problem mit dem Ausparken. Ich stehe nämlich direkt neben Ihrem Wagen."

Frau Richter greift das Klischee auf und bestätigt es ausdrücklich. Das wirkt überraschend, denn damit „akzeptiert" sie ja eine freche Unterstellung, die zudem völlig aus der Luft gegriffen ist. Indem Frau Richter aber auf diesen „Blödsinn" einsteigt, macht sie deutlich: Alles nur Spiel! Ich nehme nicht ernst, was Sie gesagt haben. Und was ich erwidere, ist genauso „Blödsinn".

Tipp 51:
Überraschen Sie den anderen, indem Sie seine Vorurteile und Klischees nicht nur bestätigen, sondern sogar noch überbieten.

Der andere hat den Schaden

Aber es gibt in der Antwort von Frau Richter noch ein Element, das wir nicht übersehen sollten: Herr Graack ist nämlich der Geschädigte. Nicht in Wirklichkeit, denn das Ganze ist ja nur ein Spiel. Aber indem Frau Richter Herrn Graack ganz unbekümmert zum Opfer ihrer Einparkkünste erklärt, steht er plötzlich als der Dumme da. So gesehen hat sie die kleine Frotzelei für sich entschieden. Wie Sie im Einzelnen solche Konter „bauen" können, das erfahren Sie im achten Kapitel.

> **Tipp 52:**
> Bei einem lupenreinen Konter müssen Sie dafür sorgen, dass am Ende der andere den Schaden davonträgt. Natürlich nur im Spiel, aber immerhin. Besonders treffend ist Ihre Antwort, wenn der Nachteil für ihn gerade dadurch entsteht, dass Sie sein Klischee übererfüllen.

Der Kampf der Geschlechter

Unausgesprochen schwingt bei diesen Frotzeleien immer mit, dass sich die Geschlechter in einem Wettstreit befinden. Das heißt, jede Äußerung über Einparkfähigkeiten, mangelndes Einfühlungsvermögen, Jäger- und Sammlerqualitäten transportiert die (nicht ganz ernst gemeinte) Botschaft: Wir sind besser. Deshalb liegt es in der Logik solcher Äußerungen, dass Sie den Spieß umdrehen, um am Ende besser dazustehen.

Dabei gibt dieser Wettstreit nur den Rahmen für Ihre Äußerungen ab. Es kommt darauf an zu spielen und nicht zu gewinnen. Anders gesagt, Sie können sich geschlagen geben, und dennoch (oder vielleicht sogar gerade dadurch) sehr souverän wirken.

Beispiel

 „Mal wieder Probleme mit dem Einparken gehabt?", bemerkt Herr Graack zu seiner verspäteten Kollegin. „Ach, Sie sagen es", seufzt Frau Richter. „Und hellsehen könnt ihr Männer auch noch."

Sie wollen nur spielen

Bei all Ihren Äußerungen sollte deutlich werden, dass Sie das nicht im Ernst so meinen, sondern dass Sie mit einem Augenzwinkern sprechen. Dadurch können Sie übrigens auch Bemerkungen entschärfen, die Ihr Gegenüber vielleicht sogar ein bisschen ernst gemeint hat. Aber wenn Sie auf seine Bemerkung einsteigen und ein Spiel daraus machen, dann hat er keine andere Wahl: Er muss mitspielen.

Wie Sie deutlich machen, dass Sie es nicht so meinen

Aus den Äußerungen von Frau Richter können Sie schon erkennen, durch welche Stilmittel Sie dem anderen signalisieren können, dass Sie es nicht ganz ernst meinen:

- Unerwartete Zustimmung: Ihr Gegenüber greift Sie an und Sie geben ihm Recht oder überbieten ihn noch.

- Wortspiele und das Aufgreifen von Formulierungen: Wenn Ihr Gegenüber Ihnen unterstellt, dass Sie nicht *einparken* können, kontern Sie, dass er nicht *ausparken* kann.

- Das bedingungslose Akzeptieren von Klischees: Im Allgemeinen wehren wir uns dagegen, wenn uns jemand in ein Klischee presst. Wenn Sie das jedoch hinnehmen und noch weitere Klischees hinzufügen, sich eigentlich nur noch in der Welt der Klischees bewegen, dann ist offensichtlich, dass Sie das nicht ernst meinen können.

- Logische Brüche und Gedankensprünge: Wer argumentiert und jemanden ernsthaft überzeugen will, der muss genau das vermeiden. Und so gilt der Umkehrschluss: Wenn Sie offensichtlich die Logik missachten und unvermittelt zu neuen Themen springen, dann wollen Sie spielen.

Zusätzlich können Sie noch durch übertriebene Mimik, ausladende Gestik und Ihre Stimme klarmachen, dass Sie das Ganze als Spaß betrachten. Häufig reicht aber ein amüsiertes Lächeln.

Mit einem Klischee kontern

Anstatt ein Klischee ironisch zu überhöhen und dadurch unschädlich machen, können Sie auch mit einem anderen Klischee kontern, das nun wiederum der Gegenseite zugeschrieben wird.

Beispiel

 Herr Graack: „Mal wieder Probleme mit dem Einparken gehabt?" Frau Richter erwidert: „Ach Herr Graack, Sie sind doch nur pünktlich gekommen, weil Sie nicht nach dem Weg fragen mussten."

Voraussetzung dafür, dass so ein Konter funktioniert, ist natürlich, dass der andere das Klischee kennt. Da aber Herr Graack mit der Einpark-Geschichte anfängt, kann Frau Richter unterstellen, dass er auch mit ihrem Klischee vertraut ist: dass Männer nie nach dem Weg fragen. Denn beide Klischees stammen aus ein und derselben Quelle, den ungemein populären Büchern von Allan und Barbara Pease.

Der Griff in die Klischee-Kiste

Die Geschlechterklischees sind Ihr Spielmaterial. Hier dürfen Sie sich bedienen. Dabei spielt es keine Rolle, ob die unterstellte Eigenschaft überhaupt zutrifft. Entscheidend ist vielmehr, dass es sich um ein allgemein bekanntes, um nicht zu sagen: abgegriffenes Stereotyp handelt.

Beispiel: Klischees

 Frauen können nicht einparken. Männer können nicht zuhören.

Frauen können keine Stadtpläne lesen und verfahren sich deshalb dauernd. Männer können nicht nach dem Weg fragen und verfahren sich deshalb dauernd.

Frauen kaufen Schuhe. Männer kaufen überflüssige technische Geräte.

Frauen sind kompliziert und raffiniert. Männer sind einfach strukturiert und leicht zu durchschauen.

Frauen wollen immer über alles Mögliche reden. Männer sind wortkarg. Sie kaufen Grußkarten mit vorgedrucktem Text, damit sie nicht so viel schreiben müssen.

Frauen können viele Dinge auf einmal tun. Aber keine richtig, behaupten die Männer. Männer können nur eins nach dem anderen erledigen. (Über den ehemaligen amerikanischen Präsidenten Ronald Reagan wurde behauptet, er konnte nicht zugleich gehen und Kaugummi kauen – typisch Mann, würden die Frauen dazu sagen.)

Frauen sind Sammlerinnen und haben den Breitwandblick. Männer sind Jäger und haben den Tunnelblick.

Frauen interessieren sich für Esoterik und lesen Horoskope. Männer interessieren sich für Fußball und lesen den Sportteil.

Frauen lieben Kinder, Männer lieben Autos.

Männer schauen bei Frauen zuerst auf den Busen und erst dann ins Gesicht, Frauen schauen bei Männern zuerst auf das Bankkonto.

Die Liste ließe sich leicht fortsetzen. Eine ergiebige Fundgrube sind die Frauen-Männer-Bücher, die Ihnen erklären, warum Frauen so und Männer so ticken.

> **Tipp 53:**
> Keine Angst vor dummen Klischees. Die eignen sich sogar besonders gut, weil auch der Einfältigste sie kennt. Und das ist ja die Voraussetzung, damit das Spiel funktioniert. Sie brauchen auch keine Sorge zu haben, dass man das Klischee für Ihre Überzeugung halten könnte. Haben Sie dennoch Zweifel, ob Ihr Gesprächspartner das Spiel begreift, können Sie noch eigens hinzufügen: „Nur Spaß."

Nervtötende Sprüche

Nicht immer lässt sich die Sache mit harmloser Flachserei und Frotzelei in Wohlgefallen auflösen. Manchmal können einem solche Anspielungen auch auf die Nerven gehen. Insbesondere wenn sie penetrant wiederholt werden und sich in die angeblich „humorigen" Sprüche ein aggressiver Unterton einmischt.

Beispiel

 Herr Graack hat einen Vorschlag erarbeitet, auf den er sehr stolz ist. Seine Kollegin Frau Richter liest sich die Unterlagen durch und übt verhalten Kritik. Daraufhin bemerkt Herr Graack leicht gereizt: „Frau Richter, davon verstehen Sie nichts. Gehen Sie lieber Schuhe kaufen." Herr Lappe vom Schreibtisch gegenüber kichert. „Was soll das jetzt wieder?", fragt Frau Richter irritiert.

Bei solchen nervtötenden Sprüchen wie dem von Herrn Graack können Sie auf zwei verschiedene Arten reagieren:

- Sie bleiben „im Spiel" und kontern entsprechend härter. Der Vorteil: Sie zeigen sich souverän; wenn Ihr Spruch einigermaßen zündet, dann haben Sie Ihrem Gegenüber außerdem eine Lektion erteilt. Die Gefahr: Ihr Gegenüber fühlt sich veranlasst, seinerseits noch einmal dagegenzuhalten. So geraten Sie in eine Spirale von nervtötenden Sprüchen.

- Sie steigen aus und geben Ihrem Gegenüber zu verstehen, dass Sie diese Sprüche keineswegs witzig finden. Der Vorteil: Geht die Sache gut, haben Sie Ihre Ruhe. Die Gefahr: Ihr Gegenüber weiß jetzt, wie er Sie auf die Palme bringen kann. Außerdem droht Ihnen der Ruf als „Spaßbremse".

Wenn Sie im Spiel bleiben

Sie müssen sich zur Wehr setzen. Dabei gilt der Grundsatz, dass Sie ein wenig härter zurückschlagen dürfen, als Sie angegriffen wurden. Immerhin müssen Sie den Angriff parieren, ja ihn überbieten. Und am wichtigsten: Sie sind angegriffen worden, Sie sind das Opfer, das sich wehrt, und haben deshalb einen gewissen Sympathiebonus – falls jemand zuhört. In der Hauptsache geht es aber darum, dass Sie sich behaupten und Ihr Gegenüber mit seinen eigenen Mitteln schlagen. Und weil diese Mittel nervtötende Sprüche sind, brauchen Sie keine übertriebene Sorge zu haben, dass Ihre Antwort zu flach wirken könnte. Vom groben Keil, der auf einen groben Klotz gehört, war ja bereits die Rede.

Beispiel

 Herr Graack reagiert gereizt auf die Kritik von Frau Richter: „Davon verstehen Sie nichts. Gehen Sie lieber Schuhe kaufen." – „Wieso Schuhe?", fragt Frau Richter verwundert zurück. „Das Einzige, was bei Ihnen helfen würde, wäre ein neues Hirn."

Das ist grob genug. Und Frau Richter hat den etwas überstrapazierten Hinweis auf die Schuhe (Untertext: „Gehen Sie doch Schuhe kaufen, davon verstehen Sie was!") geschickt umgedeutet in die Bitte, sie solle Schuhe kaufen, um Herrn Graack zu helfen (Untertext: „Ihnen helfen keine Schuhe, Ihnen hilft nur ein neues Hirn, so hirnlos wie Ihr Text ist"). Es geht aber auch einfacher. Nicht immer ist man in der Lage, sich auf die Schnelle einen halbwegs passenden Konter zusammenzubasteln. Dann helfen Instant-Sätze (S. 64) weiter, die bei solchen Gelegenheiten immer passen.

Beispiel

 Nochmals Herr Graack: „Davon verstehen Sie nichts. Gehen Sie lieber Schuhe kaufen." – „Der rührende Ratschlag eines Mannes, dem die Argumente fehlen", erwidert Frau Richter.

Oder Sie versuchen es mit dem „umgedrehten Messer" (S 80):

Beispiel

 Herr Graack: „Davon verstehen Sie nichts. Gehen Sie lieber Schuhe kaufen." – „Wenn Schuhe kaufen ein Zeichen dafür wäre, keine Ahnung zu haben, dann kämen Sie ja gar nicht mehr aus dem Schuhladen raus", erwidert Frau Richter. Herr Lappe vom Schreibtisch gegenüber kichert. „War nur Spaß", fügt Frau Richter hinzu.

> **Tipp 54:**
> Haben Sie den Eindruck, dass Ihre Antwort allzu „schlagend" war, können Sie die Sache abmildern, indem Sie ein Augenzwinkern nachliefern und an den Humor Ihres Gegenübers appellieren: „Sie können ja einen Spaß vertragen ..."

Wenn Sie aussteigen

Auf die Dauer haben Sie vielleicht keine Lust, auf die immer gleichen dummen Sprüche zu antworten. Vielleicht fällt

Ihnen auch keine passende Antwort mehr ein. Jedenfalls müssen Sie nicht jeden dummen Spruch mit dem passenden Gegenspruch beantworten. Manchmal ist einfach der Zeitpunkt gekommen, deutlich auszusprechen, dass es genug ist.

Beispiel

 Herr Graack: „Davon verstehen Sie nichts. Gehen Sie lieber Schuhe kaufen." – „Herr Graack", erwidert Frau Richter, „Wir kommen doch sonst wirklich gut miteinander aus. Warum begeben Sie sich auf so ein Niveau?"

Natürlich ist das Verhältnis zwischen dem Sprücheklopfer und seinem Opfer nicht immer so harmonisch, dass man sich auf die Gemeinsamkeiten und das gute Verhältnis berufen kann. Aber selbstverständlich können Sie auch etwas härtere Töne anschlagen.

Beispiel

 Herr Graack: „Davon verstehen Sie nichts. Gehen Sie lieber Schuhe kaufen." – „Herr Graack", erklärt Frau Richter streng. „Ich weiß nicht, was es Ihnen gibt, immer wieder solche dummen Sprüche zu klopfen. Ich will es auch gar nicht wissen. Ich will nur meine Arbeit machen, ohne mir diese Sprüche anzuhören. Haben Sie das verstanden? Danke!"

Tipp 55:
Wenn Sie aussteigen, dann macht auch der Ton die Musik: Sie dürfen weder erregt klingen noch verlegen oder peinlich berührt. Am besten Sie denken bei Ihrer Erwiderung an einen Eisschrank und schlagen einen kühl distanzierten Ton an, sogar wenn Sie in der Sache noch halbwegs freundlich bleiben.

Die Charmeoffensive

Wir haben es bereits angedeutet: Nicht immer geht es nur feindlich zwischen den Geschlechtern zu. Mindestens genauso oft bemühen sich Frauen wie Männer, bei den Angehörigen des anderen Geschlechts einen günstigen Eindruck hervorzurufen. Frauen lassen ihren Charme spielen, Männer spielen Kavalier, geben sich großzügig oder zeigen feinen Witz.

In solchen Situationen ist hin und wieder Schlagfertigkeit gefragt. Auch wenn es nicht darum geht, die bedrohte Souveränität zu schützen, sondern sich von seiner Schokoladenseite zu präsentieren. Sodass sich nach so einem Zusammentreffen beide Seiten einreden, als würdiger Vertreter des eigenen Geschlechts die andere Seite bezaubert zu haben.

Komplimente erwidern

Beispiel

 Die Marketingassistentin Frau Epp nimmt bei einem Kundentermin teil. Der Kunde, Herr Jagow, zeigt sich angetan von der jungen Frau. „Sie haben so ein sympathisches Lachen", findet Herr Jagow. Frau Epp lächelt nur unsicher.

Jemandem ein Kompliment zu machen, ist schon manchmal nicht so einfach. Denn es darf nicht zu aufdringlich sein, nicht zu schablonenhaft, es muss halbwegs passen und darf nicht nach einer Pflichtübung ausschauen. Aber auch für den, der das Kompliment empfängt, hat die Sache ihre Tücken. Denn oft wissen Sie nicht, wie ein Kompliment gemeint ist.

Da hilft die charmante Schlagfertigkeit – mit ihr bleiben Sie freundlich, aber nicht sprachlos.

Beispiel

Die Marketingassistentin Frau Epp ist bei einem Kundentermin dabei. Der Kunde, Herr Jagow, zeigt sich angetan von der jungen Frau. „Sie haben so ein sympathisches Lachen", findet Herr Jagow. „Na ja, Ihre Lache ist aber auch nicht ohne", kontert Frau Epp.

So geht es natürlich nicht. Komplimente sollte man nicht gleich wieder zurückreichen. Und schon gar nicht mit solch unpassenden Worten („Lache", „nicht ohne").

Beispiel

Noch einmal Frau Epp bei Herrn Jagow. „Sie haben so ein sympathisches Lachen", findet Herr Jagow. „Also, ich finde, ich lache wie eine alte Gießkanne", gesteht die Marketingexpertin lachend.

Auch das ist unangemessen. Selbstironie in allen Ehren, aber Sie sollten sich nicht über die Eigenschaften lustig machen, die Ihr Gegenüber gerade zum Gegenstand eines Kompliments gemacht hat, sonst beleidigen Sie ihn. Aber natürlich dürfen Sie dem anderen auch nicht aus tiefster Überzeugung zustimmen: „Sie finden, ich spreche akzentfrei Französisch? Nun, da haben Sie vollkommen Recht."

Wenn Sie auf ein Kompliment reagieren, dann verlangt die Konvention, dass Sie es annehmen, sich darüber verhalten freuen, aber gleichzeitig die Sache herunterspielen. Das klingt nicht nur nach einer etwas komplizierten Verrenkung, sondern ist es auch. Aber weil Ihr Gegenüber natürlich weiß, dass Sie sich verrenken müssen, dürfen Sie in Ihre Antwort eine Prise Ironie legen.

Beispiel

> „Sie haben so ein sympathisches Lachen", findet Herr Jagow. „Oh, danke schön", erwidert Frau Epp. „Wie man lacht, das soll aber ganz von dem Gesprächspartner abhängen, habe ich gehört."

Tipp 56:
Erwidern Sie ein Kompliment kurz, knapp und freundlich. Bedanken Sie sich dafür und spielen Sie die Sache dann ein wenig herunter. Wo es sich anbietet, können Sie auf die angenehme Atmosphäre mit Ihrem Gesprächspartner hinweisen und so das Kompliment unaufdringlich erwidern.

Charmante Konter

Werden Sie angegriffen oder kritisiert, muss Ihre Erwiderung nicht immer nur boshaft sein. Dies gilt insbesondere für Gespräche zwischen Frauen und Männern. Sie können die Äußerungen Ihres Gesprächspartners auch sehr charmant erwidern und damit Kritik und Mäkelei souverän an sich abtropfen lassen.

Beispiele

> „Oh, Sie sehen heute aber schlecht aus", sagt Frau Frings zu ihrem Kollegen, Herrn Diedenstedt. „Das täuscht", entgegnet der, „ich sehe aus wie immer. Aber Sie sehen heute blendend aus."
>
> „Sie kennen sich auf dem Gebiet ja gar nicht aus", tadelt der Marketingleiter Herr Ahrens seine Assistentin, Frau Epp. Die erwidert mit charmantem Lächeln: „Nein, aber ich habe mir gedacht, es ist ohnehin das Beste, wenn Sie es mir erklären."

Kleine Misstöne lassen sich mit solchen charmanten Kontern schnell aus der Welt schaffen. Auch wenn Ihr Gegenüber das Ablenkungsmanöver durchschaut, bringen Sie ihn mit einer netten Antwort geistig auf eine andere Spur. Jemanden, der freundlich ist, den kann man schlecht weiter angreifen. Darüber hinaus lassen Sie erkennen, dass Sie die kritischen Worte nicht verletzt haben. Weil das so ist, lassen sich manchmal sogar unqualifizierte Bemerkungen und Kränkungen auf verblüffende Weise entwaffnen.

Beispiel

 Bei einer erregten Diskussion wird Frau Frings ausfallend. „Sie sind so ein richtiger schmieriger Schmalzdackel", fährt sie den Vertreter der Gegenseite an. Einige Kollegen lachen. Doch der Attackierte schmunzelt nur: „Und Sie sind eine engagierte junge Frau, mit der es viel Spaß macht zu diskutieren."

Tipp 57:
Der charmante Konter kann manchmal Wunder wirken. Es lohnt sich auf jeden Fall, diese Technik „im Köcher" zu haben, wenn Sie angegriffen werden. Allerdings sollten Sie auch wissen, wo der charmante Konter nicht angebracht ist: Wenn Ihr Gegenüber berechtigte Einwände hat, sollten Sie sachlich dazu Stellung nehmen; wenn er Sie gezielt herabsetzen will, dann müssen Sie ihm schärfer entgegentreten.

Anmachsprüche

Beispiel

 Während der Messe setzt sich Herr Fromme in der Hotelbar neben Frau Tritschler, eine Kollegin, die er nur flüchtig kennt. „Ich habe ein Problem", verkündet er. „Ach ja?", erwidert Frau Tritschler. „Ja, ich habe meine Telefonnummer verloren", berichtet Herr Fromme. „Aha", bemerkt Frau Tritschler etwas irritiert. „Ja. Könnte ich Ihre bekommen?", fragt Herr Fromme versonnen. Frau Tritschler lacht und schüttelt den Kopf.

Anmachsprüche stehen in äußerst schlechtem Ansehen. Dabei sollen sie, wie uns unsere Gewährsmänner versichern, bestens „funktionieren". Wenn man weiß, wie es gemacht wird. Nun soll uns dieses zweifellos sehr spannende Thema nicht weiter interessieren, denn in diesem TaschenGuide widmen wir uns der Schlagfertigkeit. Und das heißt, dass wir uns ausschließlich auf die Frage konzentrieren: Wie reagieren Sie auf unwillkommene Anmachsprüche?

Sagen Sie unmissverständlich nein

Bekommen Sie wie Frau Tritschler einen Anmachspruch zu hören, den Sie mit „Ja" oder „Nein" beantworten können, dann wissen Sie zumindest eines: einen „Profi" haben Sie da nicht vor sich. Denn mit solchen Sprüchen handelt man sich zuverlässig ein „Nein" ein. Diese Erfahrung hat Ihr Gegenüber meist auch schon gemacht und deshalb dient ihm sein Spruch nur als Einstieg in eine weiterführende Unterhaltung. Nach Ihrem Nein bleibt er also dran. Wollen Sie sich nicht auf ein Gespräch mit ihm einlassen, müssen Sie daher klar und unmissverständlich zu verstehen geben: kein Interesse.

Beispiel

„Ich habe meine Telefonnummer verloren", bemerkt Herr Fromme. „Tatsächlich?" fragt Frau Tritschler. „Ja. Könnte ich Ihre bekommen?" – „Nein, da müssen Sie woanders suchen", erklärt Frau Tritschler und wendet sich ab.

Das Abwenden ist eigentlich das Wichtigste. Denn dadurch geben Sie auch hartnäckigen Zeitgenossen zu verstehen, dass Sie die Unterhaltung nicht fortsetzen wollen. Setzt sich Ihr Gegenüber über Ihren Wunsch hinweg, müssen Sie deutlicher werden.

Beispiel

„Ach jetzt sein Sie mal nicht so streng zu mir", sagt Herr Fromme und rückt näher an Frau Tritschler heran. Die dreht sich ihm wieder zu, blickt ihm fest in die Augen und sagt: „Ich bin nicht streng, ich finde Sie nur etwas aufdringlich. Also lassen Sie mich bitte in Ruhe?" Herr Fromme grinst. Frau Tritschler sagt: „Dankeschön." Und wendet sich erneut ab. Herr Fromme steht auf und geht.

Harte Abfuhr

Beispiel

„Na, wollen Sie was trinken?", wendet sich ein nicht sehr attraktiver Mann an Frau Tritschler. „Ja, danke, ein Brechmittel", entgegnet sie grimmig. Ihre Begleiterin lacht.

Was Anmachsprüche häufig so unangenehm macht, das ist ihre Einfallslosigkeit. Dennoch steckt ja häufig nur der Wunsch dahinter, Sie kennen zu lernen. Und das ist ja nun wirklich kein Verbrechen. Daher ist eine Antwort wie die von Frau Tritschler völlig unangebracht. Eine solche Schärfe ist nur gerechtfertigt, wenn der andere aufdringlich wird. Solange das nicht der Fall ist, sollten Sie solche unwillkommenen Einladungen höflich, aber bestimmt ablehnen. Ganz ohne schlagfertige Volten.

Beispiel

„Na, wollen Sie was trinken?", wendet sich ein nicht sehr attraktiver Mann an Frau Trischler. „Nein danke, ich möchte nicht", erklärt Frau Tritschler mit einem schmalen Lächeln. Der Herr geht weiter.

Etwas anders liegt der Fall bei den dummdreisten Anmachsprüchen. Dahinter steckt zwar ebenfalls Unsicherheit und Einfallslosigkeit – solche Männer wissen einfach nicht, wie sie mit Ihnen ins Gespräch kommen sollen. Aber weil sie sich dafür hinter einem Panzer von Coolness und Dreistigkeit verstecken, dürfen Sie diese Jungs schon ein bisschen härter anfassen.

Beispiel

„Einen wunderschönen guten Abend", wünscht ein braungebrannter Herr im weißen Anzug. „Ich bin Hellseher. Ich sage Ihnen voraus, Sie werden heute eine unvergessliche Nacht verbringen." – „Na, was Sie betrifft", antwortet Frau Tritschler, „da bin ich kein Hellseher. Sondern da sehe ich schwarz."

Tipp 58:
Schlagfertige Konter auf Anmachsprüche sind ein wenig riskant. Denn sie haben immer auch etwas Spielerisches an sich, was den anderen herausfordert, noch einmal dagegenzuhalten. Daher unser Rat: Wollen Sie den anderen wirklich loswerden, erklären Sie ganz ohne Schlagfertigkeit, dass er Sie in Ruhe lassen soll. Das verstehen sogar Männer, die gerade das Buch „So kriege ich jede Frau herum" gelesen haben.

Wenn Männer Witze erzählen

Beispiel

 „Warum essen Blondinen keine Bananen?", fragt Herr Diedenstedt seine Kollegen in der Kantine. Frau Frings ächzt: „Bitte nicht." Doch Herr Diedenstedt fährt ungerührt fort: „Sie finden den Reißverschluss nicht." Manche Kollegen schmunzeln, Frau Frings verzieht das Gesicht: „Wie überaus witzig." – „Seien Sie doch mal ein bisschen locker", findet Herr Diedenstedt.

Auch wenn es Ihnen schwer fällt, das zu glauben: Sehr viele dieser abgestandenen Sexwitze sind einfach nur lustig gemeint. Sie sollen die Stimmung entkrampfen und den anderen signalisieren: „Ich bin locker drauf. Lachen Sie mit und lassen Sie uns gemeinsam Spaß haben."

Vor diesem Hintergrund ist eine gewisse Gelassenheit nicht ganz unangebracht. Sie vergeben sich nichts, wenn sie höflich mitlachen, Sie können es aber auch bleiben lassen. Sie können zum Ausdruck bringen, dass Sie die Bemerkung nicht gerade für den großen Knüller halten, so wie Frau Frings in unserm Beispiel. Manchmal ist es aber auch angebracht, die Anspielung schlicht zu überhören. Denn es versteht sich von selbst, dass die Witzeerzähler Sie für ausgesprochen „humorlos" halten, wenn Sie solche Späße demonstrativ missbilligen.

Zwanghafte Witzeerzähler

Ein kleiner Scherz ist kein Problem. Doch manche Mitmenschen, in aller Regel Männer, finden einfach keine Grenze und halten sich für humorvolle und angenehme Zeitgenossen, wenn sie sich ständig auf dieser Ebene bewegen. Dann ist es anzeigt, Stellung zu beziehen.

Nehmen Sie nicht auf eine einzelne Bemerkung Bezug, sondern erklären Sie, dass Sie sich durch die ständigen Anspielungen „genervt" fühlen. Oder Sie erklären nach einer Kanonade solcher Bemerkungen: „So. Und jetzt wollen wir wieder wie gesittete Menschen miteinander sprechen."

Meist sollte das genügen. Wenn Sie es allerdings mit einer Gruppe von Leuten zu tun haben, die sich mit ihren Scherzen gegenseitig hochschaukeln, dann können Sie mit guten Worten gar nichts ausrichten. In so einem Fall sollten Sie sich lieber unter einem irgendeinem Vorwand von den anderen verabschieden.

Der andere will Sie in Verlegenheit bringen

Doch geht es bei solchen Scherzen nicht immer nur darum, gute Laune zu verbreiten. Manchmal möchte Ihr Gegenüber auch einfach versuchen, Sie in Verlegenheit bringen. Sexwitze als „Souveränitätscheck" sozusagen. Denn es liegt auf der Hand: Wer in Verlegenheit gerät, ist nicht mehr souverän. Und wer den anderen in Verlegenheit bringen kann, der fühlt sich stark.

Lassen Sie sich nicht aus der Fassung bringen

In solchen Situationen bewahren Sie Ihre Souveränität am besten dadurch, dass Sie sich nicht aufregen, sondern einfach

„cool" bleiben. Allerdings lässt sich so etwas nur begrenzt steuern. Sie geraten ja nicht freiwillig in Verlegenheit, weil Sie sich dazu entschließen, sondern es passiert eben. Und doch können Sie etwas tun. Indem Sie sich gedanklich mit dieser Art von Scherzen und Anspielungen auseinandersetzen, sich vorbereiten und sich zurechtlegen, wie Sie reagieren. Dadurch lässt sich schon viel erreichen. Doch wie können Sie in solchen Situationen reagieren?

Halten Sie dagegen

Wieder haben Sie – wie bei den nervtötenden Sprüchen – zwei Möglichkeiten: mitspielen oder aussteigen (S. 123 ff.). Wenn Sie mitspielen, dann könnten Sie zum Beispiel auch mal einen Witz erzählen – und abwarten, ob Ihr Gegenüber nun ebenso viel „Humor" beweist.

Beispiel

 Herr Diedenstedt hat gerade seinen Bananen-Blondinenwitz beendet, da ergreift Frau Frings das Wort. „Na, Herr Diedenstedt, da hätte ich aber auch mal eine Frage an Sie: Was ist, wenn ein Mann bis zum Bauchnabel im Wasser steht?" Herr Diedenstedt grinst unsicher: „Keine Ahnung. Es geht ihm gut." – „Nein", erklärt Frau Frings: „Es geht über seinen Verstand!"

Solche „Männerwitze" (Witze über Männer) finden sich in großer Zahl im Internet. Auch wenn sie vom Niveau her nicht wesentlich über den Blondinenwitzen liegen, brauchen Sie keine Sorge zu haben, dass Ihnen die Munition ausgeht. Abgesehen davon können Sie als (blonde) Frau natürlich auch dadurch Ihre Souveränität unter Beweis stellen, dass Sie selbst einen Blondinenwitz erzählen. Allerdings empfehlen wir einen Männerwitz vorauszuschicken, damit Ihr Blondinenwitz wirklich souverän und nicht anbiedernd wirkt.

> **Tipp 59:**
> Witze erzählen will gelernt sein. Haben Sie Talent dazu, dann können Sie sich damit ohne Zweifel viel Respekt erwerben. Haben Sie mit Witzen Ihre Probleme, dann sollten Sie sich nicht dazu zwingen. Sie können ja auch auf andere Weise mit Ihrer spitzen Zunge kontern.

Die Grenzen des Geschmacks

Nun muss man zugeben, es gibt Witze und Anspielungen, die sind dermaßen geschmacklos, dass Sie nicht mit einem Männerwitzchen dagegenhalten können. Denn wenn Sie sich am Witzeerzählen beteiligen, heißt das ja auch, dass Sie einer von denen sind. Bei Geschmacklosigkeiten sind klare Worte gefragt. Oder Sie kontern hart.

Beispiel

„Ich verstehe das gar nicht, wieso sich alle so aufregen über dieses Gammelfleisch", bemerkt Herr Witsche mit spaßhaftem Unterton. „Ich habe das seit fünfzehn Jahren bei mir zu Hause." Weil keiner lacht, präzisiert Herr Witsche mit glucksender Stimme: „Meine Frau." – „Ach, und ich dachte, Sie reden von Ihrem Hirn", kontert Frau Epp.

Anzügliche Bemerkungen

Schlagfertigkeit hilft Ihnen auch, auf „gewisse" Anspielungen angemessen zu reagieren. Im Prinzip gilt das Gleiche wie bei den Witzeerzählern: Manche betrachten diese Anspielungen als Beitrag zur Stimmungsverbesserung, wollen vor allem zum Ausdruck bringen, dass sie „locker drauf" sind. Oder sie wollen ihre (männlichen) Kollegen beeindrucken.

Natürlich können Sie auch hier auf Durchzug stellen. Aber wir meinen, dass hier Ihre Toleranz schneller erschöpft sein sollte, denn immerhin richten sich diese Anspeilungen gegen Sie oder andere Anwesende. Dann bieten sich Ihnen wieder die beiden Möglichkeiten: Sie „spielen mit", also antworten mit einem schlagfertigen Konter. Oder Sie nehmen sich den Betreffenden mal zur Brust.

Beispiel: „Ende der Durchsage"

Herr Diedenstedt hat mal wieder eine sehr gewagte Anspielung gemacht und will sich darüber ausschütten vor Lachen. „Hören Sie mal, Herr Diedenstedt", erklärt Frau Frings, „ich weiß zwar nicht, was mit Ihrem Sexualleben nicht stimmt, dass Sie uns ständig solche Bemerkungen auftischen. Es interessiert mich auch nicht weiter. Ich weiß nur, dass ich solche Bemerkungen hier bei meiner Arbeit nicht hören möchte. Ende der Durchsage."

Nicht immer ist es möglich, sich auf diese Weise Luft zu verschaffen. Auf der anderen Seite können Sie schon damit rechnen, Unterstützung zu finden, wenn Sie die einfordern.

Beispiel

Frau Frings wendet sich an Herrn Lappe, der am Schreibtisch schräg gegenüber sitzt. „Sagen Sie mal, Herr Lappe, was halten Sie denn von diesen Sprüchen? Finden Sie die lustig? Oder gehen die Ihnen genauso auf die Nerven wie mir?" Herr Lappe macht eine wegwerfende Geste.

Kontern Sie nach allen Regeln der Kunst

Sie haben in diesem TaschenGuide schon ein paar Techniken kennen gelernt und werden weitere kennen lernen, die es Ihnen erlauben, sich angemessen zu wehren. Dabei brauchen Sie keine übertriebene Scheu zu haben. Anzügliche Bemerkungen sind nicht so harmlos, wie die, die sie machen, gerne behaupten („Sie können wohl keinen Spaß vertragen?"). Sie dürfen durchaus auch etwas härter zurückschlagen.

Dies gilt übrigens nicht nur für Frauen. Auch viele Männer finden diese Anspielungen überhaupt nicht lustig. Es ist ihnen aber zu dumm, dazu etwas zu sagen. Dabei sollten sie genau das tun.

Beispiele

 Der Marketingleiter Herr Ahrens wendet sich mit süffisantem Unterton an seine Assistentin, Frau Epp: „Hmm, das was Sie gestern anhatten, Frau Epp, das hat mir irgendwie besser gefallen." Frau Epp antwortet mit maliziösem Lächeln: „Oh, ich wusste gar nicht, dass Sie Frauenkleider tragen."

Auf der Betriebsfeier will der junge Herr Becker seine ältere Kollegin, Frau Gerges, aufziehen: „Nun geben Sie es schon zu, Frau Gerges, Sie wären doch ganz wild darauf mit mir eine Nacht zu verbringen." Frau Gerges mustert ihn kurz und erwidert: „Wieso meinen Sie das? Weil ich mir dann die Schlaftablette spare?" Die Kollegen johlen. Herr Becker läuft rot an.

Frau Frings gilt als sehr durchsetzungsstark. „Jetzt geben Sie's ruhig zu. Sie wären lieber ein Mann", versucht Herr Diedenstedt sie aufzuziehen. Doch Frau Frings kontert: „Also, ich bestimmt nicht. Aber wie steht es mit Ihnen?"

Männerrunde. Männergespräche. Nur einer sagt nichts, der Herr
Jonas. „Hey, Herr Jonas, was ist denn mit Ihnen los?", pflaumt ihn
Herr Graack an. „Sie sagen ja gar nichts. Frauen interessieren Sie
wohl nicht. Sind Sie schwul?" Herr Jonas erwidert lächelnd: „Aber
nein, Herr Graack, ich liebe Frauen. Im Gegensatz zu Ihnen."

Schattenparker, Frauenversteher und andere Warmduscher

Auch Männer müssen sich manchmal wenig schmeichelhafte
Bemerkungen anhören. Vor allem von anderen Männern, die
sie damit aufziehen, kein „richtiger" Mann zu sein, sondern
eine „Memme", ein „Weichei", ein „Schattenparker", ein
„Frauenversteher" oder gar ein „Warmduscher". Häufig richten sich solche Angriffe auf diejenigen, die auf die „anzüglichen Bemerkungen" nicht recht anspringen. Aber auch wenn
Sie irgendwo neu hinzukommen, wenn Sie jung oder irgendwie anders sind, müssen Sie damit rechnen, auf diese Weise
„geneckt" zu werden.

Dabei sollten Sie sich keinen Illusionen hingeben: Wer so
angegangen wird, der soll nicht einfach nur veralbert werden.
Es geht meist auch um Demütigung. Vor allem, wenn die
anderen sich zusammentun, um dem „Weichei" zu verstehen
zu geben: „Du gehörst nicht zu uns." Das wirksamste Mittel,
das zu erreichen, besteht darin, den anderen zur Lachnummer
zu machen. Und das gelingt offenbar am besten, wenn ihm
die Männlichkeit abgesprochen wird.

Setzen Sie sich zur Wehr

Werden Sie als „Weichei" oder „Warmduscher" bezeichnet, dann sollten Sie das nicht kommentarlos hinnehmen. Schon gar nicht sollten Sie süßsauer in sich hineingrinsen und den Kopf schütteln. Halten Sie dagegen. Machen Sie sich über denjenigen lustig, der Sie verhöhnt. Das stärkt Ihr Selbstbewusstsein. Wenn sich Ihr Gegenüber zum Gespött gemacht hat, wird er es sich zweimal überlegen, ob er Sie noch einmal auf diese Weise angreift.

Beispiele

Herr Ewers zu Herrn Marks: „Sie Warmduscher." Herr Marks höhnt: „Aber Herr Ewers, was verstehen Sie denn von Duschen?" Oder: „Aber Herr Ewers, ich kann auch nichts dafür, wenn Ihr Verstand nur bis zum Kaltwasserhahn reicht."

Ewers „Sie Weichei!" Marks: „Ich bin kein Weichei, aber Sie sind weich in der Birne!"

Ewers: „Marks, Sie Schattenparker!" Marks: „Wieso Schattenparker? Ich kann doch nichts dafür, dass Sie zu lange in der Sonne geparkt haben!" Oder, in zuckersüßem Ton: „Ich weiß, Herr Ewers, Sie stellen sich mit Ihrem Opel immer in die sengende Sonne und lassen Ihr Hirn abschmelzen."

Ewers: „Herr Marks, Sie sind doch ein Frauenversteher und Sitzpinkler." Herr Marks nickt: „Na, dass Sie mehr vom Pinkeln als von Frauen verstehen, das glaube ich Ihnen sofort."

> **Tipp 60:**
> Bei den „Warmduscher"-Angriffen kontern Sie folgendermaßen: Sie
> unterstellen Ihrem Angreifer das Gegenteil und drehen es so hin, dass ein
> Nachteil daraus wird. Oder Sie greifen ein Element aus dem Angriff he-
> raus und wenden dieses ins Gegenteil (von „Schatten" kommen Sie auf
> „Sonne", von „Dusche" auf „sich nie waschen"; von „verstehen" zu „von
> nichts eine Ahnung haben"). Dadurch erzielen Sie einen komischen Effekt.
> Außerdem wichtig: Lassen Sie sich die Kränkung nicht anheften (etwa
> durch die Dick-und-doof-Technik). Sagen Sie also nicht „Lieber ein
> Weichei als weich in der Birne", sondern: „Ich bin kein Weichei, aber ..."

Es gibt aber auch noch eine wesentlich simplere Methode:
Sie kontern einfach mit einem ähnlich gelagerten Begriff der
Marke „Warmduscher". Dadurch machen Sie das Ganze zum
Spiel.

Beispiele

Saunauntensitzer, Teletubbie-Zurückwinker, Fußgängerampeldrü-
cker, Warndreieckaufsteller, Sockenbügler, Kissenknicker, Kassen-
zettelnachprüfer, Radarfallenwarner, Hochzeitstagmerker, Gelb-
bremser, Duftbaumfahrer, Chefwitzlacher, Kartoffelbreikauer.

Bei Wutausbrüchen souverän bleiben

Wenn Ihr Gesprächspartner an die Decke geht, haben Sie es mit schlagfertigen Antworten nicht so leicht.

In diesem Kapitel lesen Sie

- warum uns Wutausbrüche oft so hilflos machen (S. 144) und wie wir trotzdem souverän bleiben (S. 147) und unsere Würde schützen (S. 160),

- und wie Sie Techniken wie das „Niederschweigen" (S. 150) oder die diplomatische Zunge (S. 157) wirkungsvoll einsetzen.

Warum wir wütend werden

Wut ist geballte Energie. Eigentlich ist das ja nichts Negatives, doch Wut wirkt fast immer zerstörerisch. Denn wenn wir in Wut geraten, setzt unser Verstand aus. Wir haben uns nicht mehr im Griff, wir „rasten aus", wie es so anschaulich heißt. Wer wütend ist, der handelt nicht mehr nach seinem Willen, sondern er überlässt sich seiner Wut, er ist buchstäblich „außer sich".

Normalerweise muss schon einiges zusammenkommen, ehe wir die Beherrschung verlieren. Wir müssen uns außerordentlich, ja maßlos ärgern. Typischerweise entsteht dieser Ärger, wenn unsere Hoffnungen und Erwartungen enttäuscht werden, wenn zum Beispiel irgendetwas nicht so gelingt, wie wir es geplant hatten oder uns jemand einen Strich durch die Rechnung gemacht hat. Zum Ärger kommt noch das Gefühl der Hilflosigkeit, und wenn sich diese Gefühle mit einer inneren Energie verbinden, dann wird Wut daraus.

Wut ist immer gerichtet

Obwohl wir bei der Wut unsere Kontrolle verlieren, richtet sie sich immer auf etwas oder jemanden. Dabei ist es häufig so, dass sich die Wut schon vorher angestaut hat, oft durch Ereignisse, für die derjenige, der den Wutausbruch erdulden muss, gar nichts kann. Er ist aber derjenige, der die Wut ausgelöst hat, durch irgendeinen Fehler, eine Nachlässigkeit oder ein Verhalten, das uns absolut nicht in den Kram passt. Er bringt das Fass zum Überlaufen. Und dafür ist, wie wir wissen, manchmal nur ein Tropfen erforderlich.

Macht und Ohnmacht zugleich

Wut ist Zeichen von Macht und Ohnmacht zugleich. Sie ist Macht, weil der Wütende die Initiative an sich reißt und sein Opfer ihm hilflos ausgeliefert scheint. Wut duldet keine Gegenwehr, sonst wird sie noch größer. Gleichzeitig aber ist auch der Wütende machtlos. Er handelt ja nicht souverän, weil er das so will, sondern er wird von seiner Wut überwältigt. Häufig handelt er der Wütende nicht in seinem eigenen Interesse, sondern er schadet sich sogar. Und sei es auch nur, weil er alle seine Opfer gegen sich aufbringt.

Wie wir auf Wut reagieren

Wenn sich jemand vor uns aufbaut, anfängt zu brüllen, zu kreischen oder zu schreien, dann haben wir diesem Gefühlssturm mit unserer Gemütsverfassung auf Normaltemperatur erst einmal nicht viel entgegenzusetzen. Es dauert einen Augenblick, ehe sich entscheidet, wie wir reagieren:

- Wir werden ebenfalls wütend und brüllen zurück. Der Streit eskaliert.
- Wir erdulden die Wut, lassen uns als Opfer missbrauchen und fühlen uns gedemütigt.

Sie sollten Wut nicht mit Wut bekämpfen

Gerät unser Gegenüber in Wut, kann uns das ebenfalls wütend machen. Vor allem wenn wir uns keiner Schuld bewusst sind oder der Anlass in keinem Verhältnis zu der wütenden

Reaktion steht. Wir fangen an uns zu wehren. Nach einiger Zeit verlieren wir ebenfalls die Beherrschung, erheben die Stimme und brüllen zurück.

Die Folgen können verheerend sein. Die Auseinandersetzung schaukelt sich auf. Sie kann völlig aus dem Ruder laufen, wenn nicht einer der Beteiligten nach kurzer Zeit den Ort der Auseinandersetzung verlässt. Das geschieht natürlich lautstark, denn man möchte zeigen, dass man nicht etwa klein beigibt, sondern noch immer „unter Dampf" steht. Später kostet es viel Zeit und guten Willen, um die Scherben zusammenzukehren und zu normalen Verhältnissen zurückzukehren. Manchmal genügt eine einzige Auseinandersetzung dieser Art, um ein Verhältnis dauerhaft zu zerrütten.

> **Tipp 61:**
> Wenn Sie dazu neigen, sich von der Wut Ihres Gegenübers anstecken zu lassen, sollten Sie unbedingt verhindern, dass die Auseinandersetzung eskaliert. Suchen Sie nach Möglichkeit schnell das Weite. Und wenn Sie dabei die Tür lautstark hinter sich schließen müssen, ist das immer noch besser, als wenn Sie zurückbrüllen.

Die große Demütigung

Wer Wut erdulden muss, fühlt sich gedemütigt. Haben Sie unter einem cholerischen Vorgesetzten zu leiden, dann kennen Sie dieses Gefühl abgrundtiefer Machtlosigkeit. Fast alle nehmen die Wutausbrüche ihres Vorgesetzten in Opferhaltung hin. Er ist ja in der stärkeren Position. Doch leidet ihre Selbstachtung, weil sie sich diese unwürdige Behandlung gefallen lassen haben.

Für Führungskräfte ist es noch demütigender, wenn einem ihrer Mitarbeiter plötzlich der Kragen platzt. Lassen sie sich anschreien, dann gefährdet das ihre Position, sie haben sich hilflos gezeigt und verlieren an Respekt. Auch wenn sie den Mitarbeiter im Nachhinein zur Verantwortung ziehen, können sie diesen einen Moment nicht ungeschehen machen.

Besonders demütigend ist es, wenn Sie sich einem Wutausbruch ausgeliefert sehen, der nicht etwa den anderen überkommt, weil er sich nicht im Griff hat, sondern der kalkuliert eingesetzt wurde, zum Beispiel, um Macht zu demonstrieren.

Wie Sie Ihre Souveränität bewahren

Unter zivilisierten Menschen sollte man sich eigentlich nicht anschreien. Es gibt andere Möglichkeiten, jemanden auf einen Fehler hinzuweisen. Machen Sie sich also bewusst: Sie müssen sich von niemandem anschreien lassen.

Und doch hilft Ihnen diese Einsicht nicht viel weiter, wenn Ihr Vorgesetzter vor Ihnen steht und ihm die Stirnader vor Wut zu platzen droht. Sollen Sie da anfangen, Vorträge über konstruktive Konfliktlösung zu halten? Natürlich nicht. Das erste, was Sie in dieser Situation brauchen, ist Kühle und Abgeklärtheit und einen dicken Schutzschild.

Aktivieren Sie Ihren „Aufprallschutz"

Sie erinnern sich bestimmt noch an unseren „inneren Aufprallschutz" aus dem dritten Kapitel (S. 49). Den können Sie nicht nur gut gebrauchen, wenn Sie jemand mit einem dummen Spruch herausfordert, sondern auch wenn jemand wütend ist. Warten Sie also ab, bleiben Sie ruhig und versuchen Sie sich vorzustellen, wie Sie Ihren Aufprallschutz aufbauen. Halten Sie den Angriffen stand. Zeigen Sie nicht Ihr „Angstgesicht" (S. 37) und ducken Sie sich nicht weg. Versuchen Sie eine möglichst neutrale Körperhaltung einzunehmen.

> **Tipp 62:**
> Bei einem Wutausbruch sollten Sie es unterlassen, eine demonstrativ gelassene bis herausfordernd selbstbewusste Haltung an den Tag zu legen. Dadurch signalisieren Sie dem anderen: Ich nehme Sie nicht ernst. Und das feuert seine Wut erst recht an.

Der Wutkeller

Machen Sie sich klar: Ein Wutausbruch ist ein emotionaler Ausnahmezustand. Sehr hilfreich ist hier die Vorstellung von einem „Wutkeller". Stellen Sie sich vor, Ihre Auseinandersetzung würde auf zwei Etagen stattfinden. Im Erdgeschoss sitzen Sie dem anderen gegenüber und versuchen sachlich die Vorfälle zu klären. Unten im „Wutkeller" tobt er unterdessen seine Wut aus. Lassen Sie ihn dort allein und steigen Sie auf keinen Fall zu ihm hinunter.

> **Tipp 63:**
> Im Wutstadium soll der andere sich erst einmal austoben. Wenn Sie antworten, dann stets knapp, sachlich und emotionslos. Fangen Sie nicht an sich zu rechtfertigen oder Ihr Verhalten zu begründen. Dadurch würden Sie Ihre guten Gründe, die Sie später noch brauchen, nur „verbrennen".

Verzichten Sie auf schlagfertige Antworten

Solange sich Ihr Gegenüber noch austobt, sollten Sie sich schlagfertige Kommentare unbedingt verkneifen.

Beispiel

 Herr Steinmann schäumt vor Wut: „Herr Pfefferle. Mit Ihnen hab ich ein Hühnchen zu rupfen! Was haben Sie da für eine E-Mail an den Vertriebsleiter geschickt? Sind Sie noch bei Verstand? Jetzt platzt mir bald der Kragen mit Ihnen!" Herr Pfefferle antwortet mit fester Stimme: „Herr Steinmann, dann empfehle ich Ihnen einen weiteren Kragen." Steinmann wird lauter: „Was? Sie werden auch noch frech? Raus!" Pfefferle bleibt ruhig: „Wollen Sie jetzt kein Hühnchen mehr mit mir rupfen?" Da knurrt Steinmann, gefährlich leise: „Pfefferle, das wird Konsequenzen haben." Dann brüllt er: „Und jetzt raus!"

Ganz klar: Wenn Sie schlagfertig reagieren, reizt das den anderen noch mehr. Schade eigentlich, denn gerade wütende Menschen bieten viel Angriffsfläche für einen schlagfertigen Konter: Weil es schon anstrengend genug ist, wütend zu sein, reden sie oft den größten Blödsinn zusammen. Das gäbe Ihnen Gelegenheit, die eine oder andere schlagfertige Replik anzubringen. Erst recht, wenn Sie dieses Buch zu Ende gelesen haben und über eine ganze Reihe von Techniken und Tricks verfügen. Und doch sollten Sie diese lieber für eine günstigere Gelegenheit aufsparen.

Das Niederschweigen

Schweigen und Schlagfertigkeit, das scheint nun nicht sehr nahe beieinander zu liegen. Und doch kann Schlagfertigkeit auch darin bestehen, zur rechten Zeit den Mund zu halten.

Der ganze Trick besteht darin, den anderen mit seiner Wut alleine zu lassen. Solange er sich austobt, hat es gar keinen Sinn, das Wort zu ergreifen. Was sollten Sie ihm auch vernünftigerweise sagen? Alle Erklärungen und guten Gründe wird er nicht akzeptieren. Also stellen Sie die zurück. Dafür antworten Sie nur sehr reduziert – oder schweigen. Auch wenn Ihr Gegenüber Sie anfährt: „Jetzt sagen Sie doch mal was dazu!", Sie bleiben passiv. Sie stellen gewissermaßen Ihren Sendebetrieb ein, bis ein vernünftiges Gespräch möglich ist. Wann Sie antworten, entscheiden alleine *Sie*. So wird Ihr Schweigen nicht zur Sprachlosigkeit, sondern zu einem souveränen Akt.

Nun könnte Ihr Gegenüber sich immer weiter in Rage reden, weil von Ihnen kein „Futter" kommt. Doch ganz allein so ein Wuttheater zu bestreiten ist enorm anstrengend. Sie werden feststellen, dass das Feuerwerk in der Regel schnell abgebrannt ist, wenn Sie dem anderen keinen neuen Brennstoff liefern (zu besonders hartnäckigen Fällen mehr ab S. 153).

Beispiel

 Noch einmal Herr Steinmann und Herr Pfefferle. Steinmann brüllt: „Herr Pfefferle. Mit Ihnen hab ich ein Hühnchen zu rupfen! Was haben Sie da für eine E-Mail an den Vertriebsleiter geschickt? Sind Sie noch bei Verstand? Jetzt platzt mir bald der Kragen mit Ihnen!" Pfefferle sagt gar nichts. Herr Steinmann brüllt: „Sie sind wirklich der unfähigste Mitarbeiter, der mir je untergekommen ist!" Keine Reaktion von Herrn Pfefferle. „Wie konnten Sie nur den Netto-Cash-Flow mit dem Netto-Gewinn verwechseln, Sie Niete?!" Herr Pfefferle schweigt. „Oder haben Sie das extra gemacht? Weil Sie unsere Abteilung blamieren wollten?" Keine Reaktion. „Jetzt äußern Sie sich mal, Herr Pfefferle!" Herr Pfefferle äußert sich nicht. Herr Steinmann fragt gereizt: „Was sagen Sie denn zu dieser Riesenblamage?" Herr Pfefferle schweigt noch immer. „Warum sagen Sie denn nichts, Herr Pfefferle? Ist Ihnen das alles egal?" – „Keineswegs", entgegnet Herr Pfefferle. „Soll ich Ihnen erklären, wie es zu der Verwechslung kam?"

Wichtig ist, dass Sie eine günstige Gelegenheit für Ihre Erklärung oder Antwort erwischen. Ein geeigneter Zeitpunkt ist etwa, wenn die Wut am Abklingen ist und Sie einen Haken finden, an dem Sie Ihre sachlichen Argumente einhängen können.

> **Tipp 64:**
> Wenn Sie sich zum Niederschweigen entschließen, müssen Sie dies körpersprachlich unterstützen. Sitzen Sie nicht verängstigt und zusammengesunken auf Ihrem Stuhl und schlagen Sie nicht die Augen nieder. Aber zu dominante Gesten sind auch fehl am Platz. Am besten setzen Sie sich so hin, als warteten Sie darauf, gleich in eine interessanten Diskussion einzusteigen.

Wer schweigt, dominiert

Sie werden überrascht sein, wenn Sie das erste Mal den Effekt des „Niederschweigens" für sich entdecken: Der andere, ob brüllender Despot oder keifendes Nervenbündel, hat plötzlich keine Macht mehr über sie. Vielmehr kommt es nun auf den an, der schweigt. Solange Sie also nicht reagieren, kann der andere nichts machen. Sie können die Gegenprobe machen: Wie anders stellt sich die Situation dar, wenn das Opfer plötzlich das Wort ergreift, um sich zu verteidigen.

Beispiel

Das bekannte Szenario. Herr Steinmann erhebt in höchster Rage seinen Vorwurf: „Wie konnten Sie nur den Netto-Cash-Flow mit dem Netto-Gewinn verwechseln, Sie Niete?!", fährt er Herrn Pfefferle an. Der antwortet: „Ich finde, so schlimm war das doch gar nicht." Herr Steinmann brüllt: „Wie bitte? So schlimm war das gar nicht?! Sie blamieren die ganze Abteilung, und das Einzige, was Ihnen einfällt, ist zu sagen: So schlimm war das doch gar nicht!" – „Ich habe zwei Zahlen vertauscht. Das kann doch mal passieren..." – „Das ist doch nicht zu fassen! Sie bauen den größten Bockmist und dann finden Sie das noch nicht mal schlimm!" – „Ich habe mich doch schon entschuldigt ..." – „Entschuldigt!! Herr Pfefferle hat sich entschuldigt! Ich sinke auf die Knie vor so viel Großmut! Und damit ist die Sache vom Tisch!! Oder was meinen Sie?!" – „Ja, was erwarten Sie denn?", fragt Herr Pfefferle. Herr Steinmann läuft dunkelrot an und brüllt: „Raus! Verschwinden Sie! Aus meinen Augen!"

> **Tipp 65:**
> Bleiben Sie beim Niederschweigen konsequent. So lange, bis sich der andere an seiner Wut und an Ihrem Schweigen abgearbeitet hat.

Wenn Ihr Gegenüber auf der Wutschiene bleibt

Das souveräne „Niederschweigen" kann eine sehr erfolgreiche Methode sein, der Wut eines anderen zu begegnen. Allerdings ist es auch manchmal eine sehr harte Technik, mit der manche nicht fertig werden. Denn im Prinzip lässt sie nur zwei Möglichkeiten zu:

- Der Angreifer kommt – nach meist mehreren Versuchen, Ihnen eine Reaktion zu entlocken – irgendwann von seiner Wutschiene ab und versucht es in einer anderen Tonlage. Das ist Ihr Erfolg.

- Der Angreifer fährt mit voller Kraft auf der Wutschiene bis zum Ende durch. Das Ende bedeutet dabei: einseitiger Abbruch des „Gesprächs" (zum Beispiel Rauswurf).

Wenn sich Letzteres abzeichnet, sollten Sie reagieren. An einer Eskalation kann Ihnen kaum gelegen sein. Wechseln Sie behutsam zur „Dolmetscher-Technik", die wir gleich noch einmal im Zusammenhang mit dem Thema Wut betrachten (ab S. 157).

> **Tipp 66:**
> Das „Niederschweigen" kann Ihnen auch in anderen Situationen nützlich sein, die eine Reaktion Ihrerseits verlangen. Zum Beispiel´, wenn Ihnen jemand ein Angebot unterbreitet, das Ihnen sehr unvorteilhaft erscheint. Wenn Sie schweigen, wird sich die Gegenseite möglicherweise verunsichert fragen: Muss ich das Angebot noch nachbessern?

Drei goldene Regeln zur Wutbewältigung

In aller Regel hat ein Wutanfall einen Grund. Vielleicht haben Sie einen kleinen oder einen großen Fehler gemacht. Egal, Ihr Gegenüber tobt und speit Gift und Galle. Wenn Sie unbeschadet aus dieser Situation herauskommen wollen, halten Sie sich an die folgenden drei bewährten Regeln:

- Räumen Sie Ihren Fehler unumwunden ein.
- Fangen Sie nicht an, über Beleidigungen zu diskutieren.
- Halten Sie dem anderen den Spiegel vor.

Regel 1: Fehler unumwunden zugeben

Das Wörtchen „unumwunden" ist dabei besonders zu betonen. Keine Ausflüchte, keine Rechtfertigungen, stehen Sie zu Ihrem Fehler. So etwas wirkt oft außerordentlich entwaffnend, während Sie die Sache nur in die Länge ziehen und die Wut steigern, wenn Ihnen Ihr Gegner „die ganze Wahrheit" erst noch „aus der Nase ziehen" muss. Wenn Sie ihm dann auch noch glaubhaft machen können, dass es nicht noch einmal vorkommt, gibt es eigentlich nichts mehr zu klären. Damit ist seiner Wut die Grundlage entzogen, sie muss nur noch „ausdampfen". Das kann sich allerdings bei manchen Menschen etwas hinziehen.

Regel 2: Über Beleidigung nicht diskutieren

Wo gehobelt wird, fallen Späne, und wo jemand wütend wird, da fallen böse, beleidigende Worte. Daher sollten Sie das wüste Geschimpfe erst einmal überhören. Das bedeutet nicht, dass Sie sich die Beleidigungen automatisch gefallen und sich Ihre Würde nehmen lassen. Sie wissen nur, wie man mit Wütenden umgeht. Sobald Sie auf eine Beleidigung im Wutrausch eingehen, hängen Sie mit drin, verstricken sich in eine erregte Diskussion, die zu nichts führt.

Beispiel

 „Pfefferle!", schreit Herr Steinmann, „Sie haben ja schon wieder alle Kennzahlen verwechselt! Sie sind eine absolute Null!" – „Na, hören Sie mal", erklärt Herr Pfefferle, „jetzt werden Sie nicht gleich beleidigend." – „Beleidigend?! Ich?! Sind Sie eigentlich noch bei Trost?", ringt Herr Steinmann nach Luft. „Die einzige Beleidigung, die ich hier entdecken kann, Pfefferle, das sind Sie!" – „Also, Herr Steinmann, ich gebe ja zu, ich habe einen Fehler gemacht", erklärt Herr Pfefferle. „Aber ich bin deswegen noch lange keine Null. Und ich verbitte mir solche Beleidigungen." – „Sie verbitten sich solche Beleidigungen? Vielleicht sollten Sie dann mal etwas weniger schlampig arbeiten, Sie Minus-Mann." – „Minus-Mann? Also, wie meinen Sie das jetzt?" Herr Steinmann läuft dunkelrot an: „Raus! Verschwinden Sie! Aus meinen Augen!"

Hätte Herr Steinmann die Beleidigung zurückgenommen, hätte er in irgendeiner Weise Herrn Pfefferle nachgegeben, was rein psychologisch ein Ding der Unmöglichkeit ist, solange er seinetwegen vor Wut kocht. Also: Auch ruhige Zurückweisungen von Beleidigungen unter diesen Bedingungen tragen nicht zur Deeskalation bei, im Gegenteil fordern sie den anderen dazu heraus, Sie erst richtig fertig zu machen.

Tipp 67:
Weisen Sie Beleidigungen, die Ihnen jemand in einem wütenden Zustand
an den Kopf wirft, nicht zurück. Diese Empfehlung gilt auch für unsachliche Vorwürfe, die im Kern nur aus Beschimpfungen bestehen. Denn über
Beleidigungen kann man nicht diskutieren.

Regel 3: Dem anderen den Spiegel vorhalten

Von innen fühlt sich die Wut ganz anders an, als sie von
außen wirkt. Wer wütend ist, dem ist die Außenperspektive
verloren gegangen, mit der er sonst sein Verhalten erfolgreich und sozialverträglich steuert. Es gibt daher kaum ein
wirksameres Mittel, den anderen zur Vernunft zu bringen, als
ihn einen Blick auf sich selbst werfen zu lassen. Kurz, ihm
den Spiegel vorzuhalten.

Anstatt über die Vorwürfe irgendwelche Worte zu verlieren,
wenden Sie sich an den anderen und stellen mit größtmögli-
cher Sachlichkeit fest: „Sie sind erregt." Oder: „Sie sind sehr
wütend." Oder: „Sie sind sehr laut." Fragen Sie aber nicht:
„Warum sind Sie so laut?" Beschreiben Sie einfach nur, was
Sie sehen und was Sie hören. Werten Sie nicht. Sparen Sie
sich belehrende Äußerungen wie „Sie wissen ja nicht, was Sie
da reden!" So etwas wirkt nur provozierend.

Wenn Sie dem anderen den Spiegel vorhalten, so bedeutet
das auch: Lassen Sie sich selbst besser aus dem Spiel, stellen
Sie sich nicht als beklagenswertes Opfer hin. Die Feststellung:
„Sie schreien" wirkt wesentlich stärker als die Mitleid hei-
schende Frage: „Warum schreien Sie mich eigentlich so an?"

Wut entschärfen mit der Diplomatenzunge

Die Diplomatenzunge haben Sie als dritte Dolmetscher-Technik schon auf Seite 107 kennengelernt. Doch eignet sie sich nicht nur dazu, mit unberechtigter Kritik fertig zu werden. Ebenso hilfreich ist sie, wenn Sie es mit Wut zu tun haben. Vor allem in drei Fällen bietet es sich an, von dieser Technik Gebrauch zu machen:

- Ihr Gegenüber kocht zwar, aber er kocht noch nicht über. Gerade im Berufsleben gibt es solche begrenzten Wutausbrüche, bei denen Sie sich nicht daneben stellen können, um den anderen „niederzuschweigen".

- Es ist noch nicht ganz klar, warum sich der andere überhaupt aufregt. Was genau haben Sie verbrochen? Kennt Ihr Gegenüber überhaupt schon das ganze Ausmaß der Katastrophe? Oder sind Sie sich keiner Schuld bewusst? Vielleicht hat Sie jemand angeschwärzt? Oder es liegt eines der im Berufsleben so beliebten „Missverständnisse" vor, die Sie leicht aus der Welt schaffen könnten? Kurz gesagt, es besteht Klärungsbedarf. Sie müssen mit Ihrem schäumenden Gegenüber irgendwie kommunizieren.

- Das „Niederschweigen" hat nicht die erhoffte Wirkung gehabt. Ihr Gegenüber steigert sich immer stärker in seinen Zorn hinein. Sie können einfach nicht länger schweigen.

Übersetzen Sie die Wut ins Sachliche

Wie setzen Sie die Diplomatenzunge ein, wenn Ihr Gegenüber auf hundertachtzig ist? Sie schweigen nicht, Sie rechtfertigen sich nicht, sondern Sie geben das wieder, was der andere Ihnen an den Kopf wirft – nur eben in sachlichen, neutralen Worten. Wie so etwas funktionieren könnte, zeigt das Beispiel von Herrn Steinmann und Herrn Pfefferle, das diesmal nicht mit einem achtkantigen Rauswurf endet. Beachten Sie dabei, wie Herr Pfefferle zwischen den verschiedenen Ebenen (S. 112) hin- und herwechselt.

Beispiele

 „Pfefferle!", schreit Herr Steinmann, „Sie haben ja schon wieder alle Kennzahlen verwechselt! Sie sind eine absolute Null!" – „Sie meinen, bei der Präsentation sind zwei Zahlen vertauscht." (Info-Ebene, Herr Pfefferle will den Sachverhalt klären: es geht um zwei Zahlen).

„Ja, und zwar schon wieder!", erregt sich Herr Steinmann. „Beim ersten Mal, da habe ich ja noch gedacht: Nun ja, das kann passieren. Aber jetzt... So blöd kann doch niemand sein! Wollen Sie mich fertig machen?" – „Sie meinen, ich hätte die Zahlen mit Absicht vertauscht, um Ihnen zu schaden?" (Du-Ebene, der Vorwurf wird sachlich benannt; dadurch wird offenbar, wie abstrus er ist).

„Wie ist denn das sonst passiert? Sind Sie so unfähig, dass Sie immer wieder den gleichen Fehler begehen?" – „Sie meinen, wir können das nicht mehr in Ordnung bringen." (Wir-Ebene, Herr Pfefferle bereitet eine Lösung vor).

„Wie sollte das gehen? Die Präsentation haben wir ja schon ins Intranet gestellt!" – „Dann wechsle ich heute noch die alte Fassung aus. Ich bin sicher, bei dem Zahlenwust hat das ohnehin noch keiner bemerkt." (Das Gespräch ist auf eine sachliche Ebene zurückgekehrt, sodass Herr Pfefferle einen Vorschlag präsentieren kann.) „Na ja, dann machen Sie mal", knurrt Herr Steinmann.

Lenken Sie durch den Wechsel der Ebenen

Unser Beispiel zeigt es schon: Durch den Wechsel der Ebenen können Sie subtil den Verlauf der Auseinandersetzung steuern. Wenn es Ihnen darum geht, den Anlass des Wutanfalls zu klären, dann begeben Sie sich auf die Info-Ebene. Wollen Sie sich selbst aus der Schusslinie nehmen, wechseln Sie auf die Ich-Ebene. Besteht hingegen Klärungsbedarf, was Ihnen der andere genau vorwirft, lenken Sie ihn auf die Du-Ebene. Und durch die Wir-Ebene betonen Sie die Gemeinsamkeiten und bereiten eine Lösung vor.

Wie Sie eine Rechtfertigung einschmuggeln

Wenn Ihr Gegenüber wütend ist, verschlimmern Sie die Situation nur, wenn Sie anfangen sich zu rechtfertigen. Ihre Gründe werden zuverlässig vom anderen zermalmt. Wesentlich geschickter können Sie sich rechtfertigen, wenn Sie das Ganze durch eine Übersetzung auf der „Du-Ebene" vorbereiten. Zum Beispiel: „Sie meinen, ich hätte Sie belogen." Egal, ob Ihr Gegenüber nun zustimmt oder nicht, in ihm entsteht der Wunsch die näheren Gründe zu erfahren, warum Sie ihn dann doch nicht „belogen" haben.

Tipp 68:
Wenn die diplomatische Zunge nicht dazu führt, dass die Wut des anderen verraucht, *will* er wohl einfach wütend sein. Dann lassen Sie ihn sich aufregen – es ist seine Wut, nicht Ihre. Versuchen Sie, Abstand zu gewinnen, lassen Sie ihn mit seiner Wut allein, damit Sie keinen Schaden nehmen. Verkneifen Sie sich auf jeden Fall, ihm zum Abschied noch irgendeinen Ratschlag zu geben.

Die persönliche Würde schützen

Wenn Ihr Gegenüber wütend wird, dann ist eine abgestufte Reaktion zu empfehlen. Geben Sie dem anderen erst einmal Gelegenheit, Dampf abzulassen und sich im „Wutkeller" (S. 148) auszutoben. Dann ist schon mal einiges an zerstörerischer Energie abgezogen, ehe Sie ernsthaft auf Empfang schalten. Vielleicht können Sie ja auch nachvollziehen, warum der andere „ausrastet". Dann lassen Sie den anderen eben ein bisschen toben, auch wenn es unangenehm ist. Häufig lässt sich danach wieder vernünftig miteinander reden.

Aber es gibt eine natürliche Grenze, bei der Sie weder mit dem Niederschweigen noch mit der diplomatischen Zunge weiterkommen. Wenn Ihre persönliche Würde in Gefahr gerät, müssen Sie handeln. Sie müssen die Initiative ergreifen und alle weiteren Angriffe auf Ihre Person unterbinden.

Aber wenn es Ihr Vorgesetzter ist, der sich einfach nicht im Griff hat? Sollen Sie sich auch da zur Wehr setzen? Vielleicht erscheint Ihnen das beängstigend, aber genau so ist es. Sie müssen sich schützen, sonst nehmen Sie Schaden. Es geht um Ihre Souveränität und Ihre persönliche Würde. Die brauchen Sie sich von niemandem nehmen zu lassen.

Wann ist es so weit?

Es gibt keine klaren Regeln, ab wann Sie einschreiten sollten. Denn hier spielen viele Faktoren mit hinein:

- Wie berechtigt ist der Wutausbruch? Haben Sie einen „dicken Bock" geschossen, dann sollten Sie dem anderen etwas mehr Raum geben, sich auszutoben.

- Wie stark oder schwach ist Ihre Position? Dabei sollten Sie im Auge behalten, dass Sie Ihre Position schwächen, wenn Sie sich viel gefallen lassen.

- Kennen Sie den anderen als leicht erregbares Nervenbündel? Dann wissen Sie, dass Sie vieles nicht wörtlich nehmen dürfen.

- Handelt es sich um einen reinen Willkürakt, mit dem Sie getestet werden sollen? Dann ist sehr schnell die Grenze erreicht.

- Wie dickfellig oder sensibel sind Sie selbst? Auch das spielt eine Rolle. Sie wissen am zuverlässigsten, was Sie nicht besonders kratzt und was Sie verletzt.

An diesen Fragen entscheidet es sich, wie viel Wut wir dem anderen zugestehen können. Dabei geht es nicht darum, unsere Entscheidung besonders kompliziert zu machen. Im Gegenteil, irgendwann meldet sich in unserem Innern eine Stimme, die uns sagt: „Es reicht." Auf diese Stimme sollten wir hören.

So verschaffen Sie sich wieder Respekt

Sammeln Sie sich innerlich. Lassen Sie Ihr Selbstbewusstsein wachsen. Sprechen Sie mit lauter, fester Stimme, aber nicht zu laut. Bleiben Sie ruhig und gesammelt. Stellen Sie unmissverständlich fest: „Sie haben mich eben beleidigt." Oder sagen Sie es noch deutlicher: „Sie haben mich eben einen Vollidioten genannt. Das ist beleidigend."

Brücken bauen oder starker Abgang?

Nachdem Sie ein erstes Stoppsignal gesetzt haben, gibt es nun drei Möglichkeiten, wie Sie weiter vorgehen:

- Die softe Tour: Sie bauen noch einmal eine Brücke. Sie erklären, dass Sie verstehen können, warum der andere aufgebracht ist. Aber das sei kein Grund, Sie zu beleidigen.

- Die weniger softe Tour: Sie stellen eine Forderung. „Ich erwarte, dass Sie sich entschuldigen." Wenn Sie jemand beleidigt hat, dürfen Sie das erwarten. Bleibt die Entschuldigung aus, gehen Sie zur harten Tour über.

- Die harte Tour: Sie brechen das Gespräch ab. „Unter diesen Umständen bin ich nicht bereit, das Gespräch mit Ihnen fortzusetzen." Dann verlassen Sie den Raum.

Natürlich gilt auch für die softe Tour: Kehrt der andere nicht zu einem halbwegs sachlichen Gespräch zurück, sondern setzt seine Kränkungen fort, dann wechseln Sie übergangslos zur harten Tour über.

> **Tipp 69:**
> Auch bei der harten Tour können Sie sich noch ein Hintertürchen offen halten. Bevor Sie den Raum verlassen, fügen Sie hinzu: „Sie können mich jederzeit anrufen, wenn Sie Ihren normalen Ton wiedergefunden haben." Ruft Ihnen der andere irgendwelche Schmähungen hinterher, ignorieren Sie das. Gehen Sie – ohne Zögern.

Wann sollten Sie eine Entschuldigung fordern?

Wir haben davor gewarnt, zu früh eine Entschuldigung zu verlangen. Solange der andere noch tobt, bewirken Sie mit Ihrer Forderung nicht viel – außer dass sich die Wut weiter verstärkt. Auf der anderen Seite können Sie mit Ihrer Forderung aber auch zu spät kommen. Wenn Sie es die ganze Zeit hingenommen haben, aufs Übelste beschimpft zu werden, wirkt es nicht ganz schlüssig, dass Sie plötzlich eine Entschuldigung fordern.

Dennoch würden wir sagen: Lieber fordern Sie eine Entschuldigung spät als überhaupt nicht. Damit zeigen Sie, dass Sie Ihre Souveränität nicht aufgeben haben. Und wenn sich der andere dann entschließt, sich bei Ihnen zu entschuldigen, ist das der großer Schritt auf der Rückkehr zu normalen Umgangsformen.

Aber es gibt ihn, den richtigen Zeitpunkt, um eine Entschuldigung zu fordern. Wenn Ihr Gegenüber nämlich seinen Anspruch auf „Unzurechnungsfähigkeit" allmählich verloren hat. Ein paar Kränkungen zu überhören, damit der andere sich abreagieren, ist souverän. Doch bleibt er dabei, genießt er es, Sie zu demütigen und fertig zu machen, dann ist der Zeitpunkt gekommen, dass Sie Ihre Ansprüche anmelden.

Stärken Sie Ihr Selbstbewusstsein

Fordern Sie mit Nachdruck eine Entschuldigung ein und lassen Sie sich von den Drohgebärden des anderen nicht beeindrucken, dann verbessert das nicht nur Ihre Position in der gegenwärtigen Situation. Sie stärken Ihr Selbstbewusstsein auch für künftige Auseinandersetzungen. Die Befürchtung, dass Ihnen Nachteile entstehen, ist in der Regel unbegründet. Die Erfahrung zeigt vielmehr, dass auf denjenigen herumgetrampelt wird, die es „mit sich machen lassen".

Dürfen Sie Wutanfälle ausnutzen?

Im Normalfall betrachten wir uns als Opfer, wenn wir dem Wutanfall eines anderen ausgesetzt sind. Auf der anderen Seite gibt es manche, die ganz bewusst ihre Mitmenschen in einen Wutanfall hineintreiben, um daraus Kapital zu schlagen. Dies gilt im Besonderen, wenn die Auseinandersetzung vor einem Publikum stattfindet und der andere ihr Gegner ist.

Beispiel

 Bei einer Podiumsdiskussion geht es um die Zukunft der Energieversorgung. Der Vertreter eines Versorgungsunternehmens beruft sich auf ein Gutachten, um seinen Standpunkt zu begründen. Ihn unterbricht der Sprecher eines Umweltschutzverbandes mit der spitzen Frage: „Wie viel haben Sie für das Gutachten bezahlt?" Der Strommann fährt ihn an: „Wie kommen Sie dazu, so etwas zu behaupten! Das ist ja wohl eine Riesenfrechheit! Ich habe so etwas noch nicht erlebt! In dreißig Jahren nicht! Das ist Rufmord! Ich lasse mir so eine Unterstellung nicht gefallen! Aber das sind Ihre üblichen Methoden! Sie bewerfen die anderen mit Dreck!" Das Publikum ist leicht befremdet.

Wer wütend wird, hat schon verloren

Man muss es deutlich sagen: Wütende Menschen kommen ganz schlecht an. Wer die Beherrschung verliert, macht sich buchstäblich unmöglich. Sogar wenn sein Anliegen berechtigt erscheint, darf er auf wenig Sympathie hoffen. Hinter der Wut steckt zwar eine unbändige Kraft, zugleich aber auch eine ungeheure Schwäche. Insoweit ist es nicht verwunderlich, dass Gegner versuchen, diese Schwäche auszunutzen und den anderen reizen: Eine kleine Stichelei hier, ein provokantes Wort dort – irgendwann wird der Choleriker schon hochgehen.

Die Sache ist nur: Auch derjenige, der stichelt, wirkt ganz und gar nicht sympathisch oder überzeugend. Treibt er es zu arg, dann kann man den Wutausbruch womöglich sogar verstehen, auch wenn man ihn nicht billigt. Und so ist unbedingt davon abzuraten, jemanden zu einem Wutausbruch zu provozieren. Am Ende verlieren Sie nämlich beide.

Hinter die Maske blicken lassen

Es gibt jedoch eine Ausnahme, bei der es erlaubt ist, dem anderen auf den Zahn zu fühlen, wie es mit seiner Selbstbeherrschung bestellt ist. Wenn ein leicht entflammbarer Wüterich sich als gutherziger Menschenfreund geriert und damit Sympathien einfährt, dann darf man an diesem verlogenen Image schon mal ein bisschen kratzen. Das Publikum wird Ihnen bestimmt nicht verübeln, wenn aus irgendeinem nichtigen Anlass die Maske fällt und Ihr Gegenüber sein wahres Gesicht zeigt.

Tipp 70:

Auch Choleriker wissen natürlich, dass sie vor anderen schlecht aussehen, wenn sie die Beherrschung verlieren. Daher reißen sie sich zusammen, wenn andere dabei sind. Die schlimmsten Wutanfälle finden immer noch hinter verschlossenen Türen statt. Es könnte also ein Vorteil sein, die Flucht in die Öffentlichkeit anzutreten, wenn Sie ein Donnerwetter von Ihrem Chef befürchten. Wobei die „Öffentlichkeit" auch aus Mitarbeitern bestehen kann, die nicht unmittelbar beteiligt sind.

Wie Sie Schläge unter die Gürtellinie parieren

Es sind die bösen Angriffe, die Schläge unter die Gürtellinie, gegen die Sie sich mit Schlagfertigkeit schützen sollen. Doch wie hart darf oder muss man zurückschießen?

In diesem Kapitel lesen Sie

- wie Sie sich gegen kleine Spötteleien und große Häme verteidigen (S. 168) und

- wie Sie mit witzigen Ablenkungsmanövern (S. 187) oder starken Gegenkontern (S. 190) verhindern, dass Sie lächerlich gemacht werden.

Die große Häme

Beispiel

Herr Kück hält einen kurzen Vortrag. Dabei gibt es Probleme mit der Technik. „Was ist denn da los? Ich weiß auch nicht so genau…" stammelt er und klickt hektisch auf seinem Computer herum. „Sie *wissen* nicht so genau… aha", lässt sich sein Chef, Dr. Fetzer, vernehmen. „Großartig, machen Sie mal weiter!"

Herrn Kück gelingt es schließlich, das nächste Schaubild an die Wand zu projizieren. „Hier sehen Sie die Umsatzentwicklung der letzten drei Quartale", beginnt er stockend. „Also, ich sehe gar nichts", trompetet Dr. Fetzer dazwischen. „Wo sind denn die Zahlen von September?" Herr Kück stockt, stammelt und bringt mit knallrotem Kopf seine Ausführungen zu Ende.

„Großartig", lobt Dr. Fetzer. „Ein intellektueller Hochgenuss. Herr Kück, ich danke Ihnen für Ihre tief schürfenden Einsichten in diese hochkomplexe Materie."

Fast jeder hat so eine Prozedur schon einmal erlebt. Da zeigt jemand eine Leistung, die nicht zufriedenstellend ist, und was geschieht? Derjenige, der diese Leistung zu beurteilen hat, tadelt den Betreffenden nicht etwa, raunzt ihn an oder bemerkt trocken: „Das war nichts. Das nächste Mal bereiten Sie sich bitte besser vor." Im Gegenteil, er lobt ihn in den höchsten Tönen. Warum eigentlich?

Erhöhen, um zu erniedrigen

Wer sich so äußert, dem geht es nicht um eine sachliche Klärung. Er macht auch nicht seinem Unmut Luft, weil ihn die schlechte Leistung ärgert. Er hat nur ein einziges Interesse: Der andere soll als Person erniedrigt werden. Die geeignete Methode dazu ist die Häme. Über wen Häme ausgegossen wird, der wird nicht mehr als vollwertiges Mitglied der Gruppe betrachtet, ist nicht mehr ernst zu nehmen, sondern nur noch ein Objekt, über das man sich lustig macht. Wie das geht? Indem man einen komischen Kontrast herstellt.

Der komische Kontrast

Was jemand tut, wie jemand aussieht, das ist nie an und für sich komisch, sondern immer nur vor dem Hintergrund unserer Erwartungen (s. nächstes Kapitel). Um etwas lustig zu finden, brauchen wir einen Widerspruch, einen Kontrast.

Beispiel

 Ein älterer Herr ist nicht komisch. Aber einer, der sich wie ein Teenager kleidet und sich auch so benimmt, macht sich in aller Regel schnell lächerlich. Umgekehrt erzielt ein Jugendlicher, der sich durch altkluge Reden krampfhaft bemüht, so gesetzt wie sein Großvater zu wirken, einen ähnlichen Effekt. Auch Herr Kück für sich genommen ist nicht komisch, sondern erregt eher Mitleid. Aber wenn ihm von Herrn Fetzer zugeschrieben wird, er habe gerade für „intellektuellen Hochgenuss" gesorgt, löst das einen komischen Kontrast aus.

Erst der Kontrast zwischen dem, was wir erwarten, und dem, was wir wahrnehmen, sorgt also dafür, dass wir etwas komisch finden und darüber lachen.

Das erbarmungslose Lachen

Das Lachen erfüllt ganz wichtige Funktionen. Zunächst verbindet es die Menschen. Wer gemeinsam über etwas lacht, der gehört zusammen. Zugleich aber betäubt das Lachen unser Mitgefühl. Der Philosoph Henri Bergson spricht in diesem Zusammenhang von einer „Anästhesierung des Herzens". Und so lassen sich fast immer zwei Phänomene beobachten, wenn jemand Spott und Häme über einen anderen ausgießt:

- Es gibt ein Publikum, das amüsiert reagieren soll. Im Beispiel waren das die Kollegen. Ihr Amüsement verbindet sie gegen Herrn Kück.

- Solange sich das Publikum amüsiert, hat es kein Mitgefühl mit dem Opfer. Niemand wird Herrn Kück beistehen, um ihm zu helfen. Genau das ist mit der Häme beabsichtigt: Das Opfer soll als Person getroffen werden.

Auch Mittelmaß lässt sich runtermachen

Beispiel

 Herr Kück trägt seinen üblichen Bericht vor. Seine Kollegen dösen vor sich hin. „Hier sehen Sie die Umsatzentwicklung der letzten drei Quartale", erklärt Herr Kück monoton. „Was Sie nicht sagen", entfährt es Dr. Fetzer. „Das sind ja umstürzende Erkenntnisse, die Sie uns hier präsentieren." Die Kollegen schmunzeln. „Haben Sie noch mehr solche Knaller auf Lager?"

Häme in Reinkultur können Sie beobachten, wenn etwas Normales, Unauffälliges, Mittelmäßiges zu einer ganz großen Sache aufgeblasen wird. Eigentlich gibt es nichts, was weniger lächerlich wäre als der Normalfall. Aber wenn man ihn zur „Sensation" erklärt, wenn ein solider Mitarbeiter als ein „leuchtendes Vorbild" hingestellt wird, dann kann man ihn eben doch noch lächerlich finden.

> **Tipp 71:**
> Schützen Sie sich vor Häme. Denn sie hat nichts mit Humor zu tun, sondern kennt nur ein Ziel: Ihnen zu schaden.

Die fünf Stufen der Gegenwehr

Häme stellt eine besonders hinterhältige Bedrohung unserer persönlichen Würde dar. Wer Sie so richtig fertig machen möchte, der greift besonders gern zu diesem Mittel. Dabei sind kleine Spötteleien außerordentlich weit verbreitet, weshalb viele geneigt sind, die zerstörerische Wirkung der Häme zu unterschätzen oder herunterzuspielen. Denn für wen die Häme zur wichtigsten Waffen geworden ist, der möchte sie sich natürlich nicht aus der Hand nehmen lassen, weil sie als unfair gilt.

Aber Häme ist unfair. Selbst spöttische Kommentare, die für sich genommen harmlos oder gar scherzhaft erscheinen, können uns zermürben – wenn sie immer wieder auf uns niedergehen. Das Abgefeimte an der Häme ist, dass Sie sich nicht direkt dagegen wehren können.

Beispiel

 Wenn Sie jemand beleidigt, dann können Sie ihn dafür zur Verantwortung ziehen: „Hören Sie mal, Sie haben mich gerade einen Schwachkopf genannt. Das ist eine grobe Beleidigung. Ich erwarte, dass Sie das sofort zurücknehmen und sich entschuldigen." Bei einer spöttischen Bemerkung ernten Sie nur ein noch breiteres Grinsen, wenn Sie jemanden auffordern, seine Äußerung zurückzunehmen.

Flexible Reaktion

Wie sollen Sie nun auf Spott und Häme antworten? Gewiss nicht immer gleich, dazu gibt es zu viele Spielarten. Daher empfehlen wir eine abgestufte Reaktion:

- Stufe 1: Mitspielen. Sie steigen auf die ironische Redeweise ein (zur Ironie gleich mehr).
- Stufe 2: Darüber lachen, witzig kommentieren: Sie verstehen die hämische Bemerkung als Scherz (dazu mehr ab S. 178).
- Stufe 3: Ignorieren. Sie lassen die Häme einfach an sich abprallen (ab S. 179).
- Stufe 4: Wörtlich nehmen. Sie tun so, als würden Sie Häme als Kompliment verstehen (mehr dazu ab S. 181).
- Stufe 5: Zurückweisen. Sie fordern den anderen auf, seine hämischen Bemerkungen zu unterlassen.

Tipp 72:
Wie Sie sich bei Häme verhalten, sollten Sie im Wesentlichen davon abhängig machen, wie massiv Sie angegangen werden. Häme in ihrer niedrigsten Dosierung kann nett gemeint sein. Dann können Sie auf das Spiel einsteigen und zurückfrotzeln. Wenn Sie jemand jedoch bewusst lächerlich machen möchte, um sich selbst zu profilieren, sollten Sie die hämische Bemerkung zurückweisen.

Was Sie über Ironie wissen sollten

Ihre Wurzeln hat die Häme in der Ironie. Und Ironie ist eigentlich nichts Schlimmes. Im Gegenteil, Ironie kann sogar eine sehr angenehme Eigenschaft sein, die den Umgang miteinander vereinfacht. Menschen mit milder Ironie nehmen sich selbst nicht so wichtig; und ihren Gesprächspartnern begegnen sie mit einer gewissen Gelassenheit.

Grundprinzip: Das eine sagen, das andere meinen

Bei der Ironie trifft man eine Aussage, meint aber etwas ganz anderes, nicht selten das glatte Gegenteil von dem, was man wörtlich gesagt hat. Warum das? Dafür kann es drei Gründe geben:

- Ironie schafft ein stilles Einvernehmen zwischen dem, der sich ironisch ausdrückt, und dem, der die Ironie versteht. Sie verbindet.

- Ironie macht es möglich, sich von einer Situation, die einem unangenehm ist, zu distanzieren.

- Ironie sorgt für einen spielerischen Grundton. Die Beteiligten nehmen der Situation ihre Ernsthaftigkeit oder Bedrohlichkeit.

Beispiel

 Herr Martin ist Gast in einem Hotel. Er kommt an die Rezeption zurück: „Ihnen ist gerade eine tragische Verwechslung unterlaufen. Sie haben mir den falschen Schlüssel ausgehändigt." – „Nein!", ruft die Empfangsdame und nimmt den Schlüssel entgegen. „Können Sie mir noch einmal verzeihen?" Herr Martin schüttelt den Kopf: „Ich werde es Ihnen bis an mein Lebensende nachtragen."

Es liegt auf der Hand, dass Herr Martin der Empfangsdame die Verwechslung gerade nicht verübelt. Durch die Ironie gestaltet er die Situation spielerisch und freundlich. Die Empfangsdame steigt darauf ein und drückt sich ebenfalls ironisch aus. Dadurch gibt sie Herrn Martin zu verstehen: Wir liegen auf einer Wellenlänge und meistern das kleine Missgeschick buchstäblich „spielend".

Verständnishilfe: Die Ironie-Signale

Beispiel

Pressesprecher Jörg Daumann hat eine leicht ironische Art, die Produkte seiner Firma anzupreisen. So bezeichnet er einen Artikel, der gerade ein Jahr im Sortiment ist, als „unseren Klassiker". Und vom Geschäftsführer spricht er intern nur als von „unserem lieben Gott". Als der Geschäftsführer davon hört, ist er nicht gerade amüsiert. Doch bei den Journalisten kommt die Art von Herrn Daumann sehr gut an.

Wenn ich etwas ironisch meine, dann muss ich das meinem Gesprächspartner irgendwie mitteilen. Sonst nimmt er die Aussage wörtlich und versteht die Äußerung völlig falsch. Doch diese Mitteilung kann nur indirekt geschehen, sonst wäre die ganze Ironie beim Teufel. Denn zur Ironie gehört ein gewisses Maß an Unklarheit, Mehrdeutigkeit, was ihren Reiz erst ausmacht. Sobald ich zu jemandem glasklar sage: „Achtung, ich bin jetzt ironisch!", bin ich es eben nicht mehr. Auf der anderen Seite kann ich den anderen nicht völlig im Unklaren lassen. Er oder sie *soll* ja verstehen, dass ich etwas ironisch meine. Diesen Zweck erfüllen die so genannten „Ironie-Signale".

Ein sehr beliebtes „Ironie-Signal" ist die Übertreibung. Wer von einer „tragischen Verwechslung" spricht, wenn er den falschen Schlüssel bekommen hat, der kann das nicht ernst meinen. Weitere Ironie-Signale sind altertümliche oder allzu hochgestochene Formulierungen: Werden Sie „untertänigst" begrüßt, dann ist klar, dass hier Ironie im Spiel ist. Fast immer senden wir Ironie-Signale auch mit der Stimme aus. Wir sprechen besonders akzentuiert oder der Tonfall passt nicht zu dem, was wir inhaltlich sagen.

> **Tipp 73:**
> Wie deutlich Ironie-Signale sein müssen, hängt auch davon ab, wie vertraut Ihnen Ihr Gesprächspartner ist. Die Kunst besteht darin, gerade den Punkt zu treffen, an dem Ihr Gegenüber die Ironie versteht. Allzu massive Ironie-Signale wirken plump und aufdringlich.

Ironie sorgt für Distanz

Beispiel

Herr Weiprecht hält in einer Firma eine Schulung ab. Als er am Morgen den Raum betritt, kichern einige Teilnehmer. Herr Weiprecht trägt nämlich eine Jogginghose aus blauer Ballonseide, die in einem seltsamen Kontrast zu seinem Businesshemd und seiner Krawatte steht. Herr Weiprecht ergreift beherzt das Wort: „Guten Morgen, meine sehr verehrten Damen und Herren. Mein Name ist Peter Weiprecht, ich bin Diplomvolkswirt und ich leite die heutige Schulung." Die Teilnehmer werfen sich viel sagende Blicke zu. „Ich merke, Sie sind etwas irritiert von meinen ungewöhnlichen Beinkleidern", fährt Herr Weiprecht fort. „Aber glauben Sie mir: Ich bin es noch mehr. Heute Morgen beim Frühstücksbüffet hat ein motorisch sehr aktives Kind ein Glas Kirschsaft umgestoßen. Und der Inhalt ist auf meiner Hose gelandet." Die Teilnehmer lachen. Weiprecht fährt gut gelaunt fort: „Da man solche Flecken sofort entfernen soll, damit sie keinen bleibenden Schaden anrichten, musste ich die Hose wechseln. Und

> Sie werden es nicht glauben, die einzige Hose, die ich auf die Schnelle auftreiben konnte, war dieses sportliche Modell hier." Wieder Gelächter. Ein Teilnehmer ruft launig: „Die passt doch bestens!"

Durch Ironie können Sie sich von der Situation distanzieren, in der Sie stecken. Dadurch sind Sie in der Lage, auch in heiklen Situationen Ihre Souveränität zu bewahren. So greifen auch einige Menschen zur Ironie, wenn sie etwas tun müssen, was ihnen nicht behagt.

Beispiel

 „Dann wollen wir mal unseren Gourmet-Tempel aufsuchen", kündigt der Abteilungsleiter seinem Besucher an, bevor sich die beiden in die Kantine begeben. Die Botschaft dahinter lautet: Ich hätte Sie lieber woanders bewirtet.

Nun kann man über diese Ironie einfach hinweggehen; dann liegt es am Gesprächspartner, sich verständlicher auszudrücken. In vielen Fällen ist es aber einfach netter, sich auf das Spiel einzulassen. Dadurch signalisieren Sie Einverständnis und verbessern das Verhältnis zu dem anderen, der sich nun verstanden fühlen darf.

Was meint der andere denn nun wirklich?

Bleibt zum Schluss die Frage: Wenn jemand ironisch ist und nicht sagt, was er meint – was meint er denn nun wirklich? Diese Frage ist gar nicht so leicht zu beantworten. Denn was gemeint ist, wird ja nicht ausgesprochen. Die beiden Gesprächspartner geben sich nur indirekt zu verstehen, dass sie wissen, wovon die Rede ist. Das schafft natürlich Raum für

Missverständnisse. Und deshalb muss man immer wieder mal die ironische Ebene verlassen und unmissverständlich mitteilen, was man eigentlich meint.

Was unterscheidet Ironie von Häme?

Gerade wenn Sie Ihren Gesprächspartner noch nicht so genau kennen, kann es Ihnen passieren, dass Sie eine ironische für eine hämische Bemerkung halten. Oder umgekehrt. Denn bei beiden Äußerungen wird nicht das gesagt, was gemeint ist. Doch lassen sich Häme und Ironie oft schon mimisch voneinander unterscheiden: Eine ironische Bemerkung wird von einem feinen Lächeln begleitet, während zur Häme eher das breite, triumphierende Grinsen gehört. Das entscheidende Kriterium ist aber: Bei der Häme steht ganz klar das Bestreben im Vordergrund, jemanden herabzuwürdigen, häufig auch, um die eigene Position zu stärken. Bei der Ironie ist das nicht der Fall.

Tipp 74:
Ihr Gegenüber kann auch ironisch werden, um die eigenen Absichten zu verbergen. Wenn Sie sich nicht zusammenreimen wollen, was er meint, sollten Sie ihn unbedingt festnageln: „Wie meinen Sie das jetzt?" Wenn er sich wieder in die Ironie flüchtet, lassen Sie nicht locker: „Es tut mir Leid, ich habe immer noch nicht ganz begriffen, was Sie sagen wollten." Sie können es auch ironisch ausdrücken: „Ich bin nun einmal so ein schlichtes Gemüt, dass Sie mir das noch ein drittes Mal erklären müssen." Sie brauchen keine Sorge zu haben: Ihr Gegenüber wird Sie verstehen – und Sie eher für raffiniert als für ein schlichtes Gemüt halten.

Die sarkastische Bemerkung

Sie ist noch keine richtige Häme, aber auch keine reine Ironie mehr: die sarkastische Bemerkung. Sie soll uns schon ein wenig verletzen. Wie ein Nadelstich. Und sie kann uns auch die Laune verderben. Auf der anderen Seite können sarkastische Bemerkungen auch witzig und erfrischend sein – wenn der Angesprochene sie so versteht. Doch eines ist klar: Häufen sich sarkastische Bemerkungen, dann steckt oft mehr dahinter.

Beispiel

Kongress in Köln. Drei Arbeitskollegen machen sich am Abend auf, um die Kölner Kneipenlandschaft zu erkunden. Angeführt wird das Trio von Herrn Dittel, der früher ein paar Jahre in Köln gelebt hat. Doch die ersten Lokale, die Herr Dittel ansteuert, erweisen sich als wenig ansprechend. Als das Trio das dritte Lokal verlässt, bemerkt Herr Menke: „Wollen wir doch mal sehen, in welche tollen Szenelokale uns Herr Dittel noch so schleift." Herr Dittel reagiert gereizt: „Bitte, Herr Menke, wenn Sie sich hier so gut auskennen, dann übernehmen Sie doch die Führung!"

Lachen Sie darüber

Herr Dittel reagiert nicht souverän, sondern eingeschnappt. Das hinterlässt bei seinen Arbeitskollegen keinen guten Eindruck. Doch wie hätte Herr Dittel reagieren sollen? Einfach darüber hinweggehen? Das nun auch nicht. Am souveränsten begegnen Sie einer sarkastischen Bemerkung, indem Sie einfach darüber lachen und sie entsprechend locker kommentieren. Das geht natürlich nur, wenn die Bemerkung nicht kränkend war. Und hatte sie sogar eine gewisse Berechtigung, dürfte es besonders leicht fallen, dem anderen lachend Recht zu geben. Doch auch wenn Herr Dittel die Bemerkung als etwas unfair empfindet, zeigt er sich am souveränsten, wenn er sie schlagfertig mit Humor beantwortet.

Beispiel

> Herr Menke: „Wollen wir doch mal sehen, in welche tollen Szenelokale uns Herr Dittel noch so schleift." Herr Dittel erklärt lächelnd: „Seien Sie doch froh, Herr Menke, jetzt kennen wir schon drei Lokale, um die wir das nächste Mal einen Bogen machen werden."

Wie Sie jemanden zum Lachen bringen, das wird Thema des nächsten Kapitels sein. Doch muss man auf eine sarkastische Bemerkung gar nicht mit einem Scherz antworten. Es genügt, wenn Sie erkennen lassen, dass Sie die Sache lustig nehmen. Sie können durchaus lachend erklären: „Ja, ist es nicht furchtbar?"

Tipp 75:
Gegen kleine Spitzen sind Sie mit demonstrativ guter Laune bestens gewappnet. Der andere wird gezwungen, sich Ihnen anzuschließen, ansonsten steht er als der Miesepeter da. Genau das können Sie ihm bei Bedarf auch entgegenhalten: „Jetzt seien Sie mal nicht so muffelig, Herr Menke. Das bekommen wir schon hin!"

Häme überhören

Treten die hämischen Untertöne schon ein wenig deutlicher hervor, dann ist es oft besser, erst einmal darüber hinwegzugehen. Dies empfiehlt sich vor allem, wenn Sie jemand provozieren oder verunsichern möchte oder seine schlechte Laune an Ihnen auslässt.

Beispiel

 Bei einer Besprechung möchte Herr Kück einen Vorschlag präsentieren. Sein Vorgesetzter, Dr. Fetzer, grinst: „Na, Herr Kück, bekommen wir jetzt wieder so ein epochales Meisterwerk von Ihnen zu hören?" Herr Kück kümmert sich überhaupt nicht um diese Bemerkung, sondern stellt in aller Ruhe seinen Vorschlag vor.

Wenn Sie souverän über die Häme hinweggehen, hat Ihr Gegenüber sein Ziel nicht erreicht; sein Sarkasmus trifft sie nicht. Zwar können Sie die Sache nicht mehr lustig finden (wie auf Stufe 2), aber Sie springen ihm weder an die Gurgel (Provokation), noch fangen Sie an zu stammeln oder lassen sich von Ihrem Weg abbringen. Wenn Sie zum Beispiel eine Präsentation halten und sich noch nicht so sicher fühlen, ist es oft zweckmäßiger, solche Zwischenrufe völlig zu ignorieren. Konzentrieren Sie sich auf Ihren Vortrag, das ist wichtiger als jetzt einen schlagfertigen Konter anzubringen, der Ihnen womöglich gar nicht so schnell einfallen will. Es wäre auch unangemessen, diesen Bemerkungen mehr Aufmerksamkeit zu schenken als sie verdient haben.

Antworten Sie mit der diplomatischen Zunge

Auch wenn Sie die Häme ignorieren, so können Sie doch nicht immer über die Äußerung des anderen hinwegsehen. Sie müssen inhaltlich dazu Stellung nehmen oder einfach nur reagieren. Wieder mal kann Ihnen hier die diplomatische

Zunge (S. 107) helfen: Sie übersetzen die hämische Bemerkung in eine sachlich neutrale Aussage.

Beispiel

 Nachdem Herr Kück seinen Vorschlag präsentiert hat, bemerkt Dr. Fetzer mit verschränkten Armen: „Das haben Sie ja wieder mal ganz besonders fein gemacht, Herr Kück." – „Sie meinen, der Vorschlag hat Sie nicht überzeugt", stellt Herr Kück fest. „Dann lassen Sie uns über die Gründe sprechen."

Nehmen Sie die Aussage wörtlich

Die Häme zu ignorieren, ist eine defensive Taktik. Zwar kommt Ihr Gegenüber nicht in den Genuss, dass seine Bemerkung Sie verunsichert, aber so richtig etwas entgegensetzen können Sie dem anderen auch nicht. Wenig offensiv zu sein, muss zwar nicht immer ein Nachteil sein; denken Sie etwa an Kundengespräche oder Auseinandersetzungen mit Ihrem Vorgesetzten. Nun gibt es aber eine Möglichkeit, Ihrem hämischen Gesprächspartner etwas selbstbewusster entgegenzutreten, ohne gleich zurückzuschlagen. Sie verderben ihm schlicht dadurch den Spaß, indem Sie ihn so verstehen, wie er es gerade nicht gemeint hat. Sie nehmen das Gesagte also einfach wörtlich.

Manchmal werden Sie nur ein schiefes Grinsen ernten, manchmal wird Ihr Gegenüber Klartext reden. Auf jeden Fall haben Sie ihm den Spaß verdorben.

Beispiele

 „Bitte, Herr Kück, Sie wollten etwas sagen?" bemerkt Dr. Fetzer. „Kommt jetzt wieder so ein brillanter Vorschlag von Ihnen?" – „Nun, ob er brillant ist, wird sich zeigen, aber er ist bestimmt nicht schlecht." Dr. Fetzer murmelt: „Freut mich, dass Sie das so sehen ..." Herr Kück schmunzelt: „Na, dann ist ja alles in bester Ordnung."

Herr Kück präsentiert ein Schaubild: „Hier sehen Sie die Umsatzentwicklung der letzten drei Quartale." Dr. Fetzer: „Was für ein originelles Diagramm, Herr Kück. So was Tolles habe ich ja noch nie gesehen!" Herr Kück: „Nun ja, toll ist vielleicht ein bisschen übertrieben, aber das Wesentliche lässt sich gleich erkennen." Dr. Fetzer: „Ach ja? Herr Kück, falls Sie es noch nicht bemerkt haben: Das war ironisch gemeint." Herr Kück erwidert treuherzig: „Ach so, das habe ich gar nicht bemerkt."

Tipp 76:
Hämischen Sticheleien können Sie selbstbewusst entgegentreten, indem Sie sie wörtlich nehmen. Wenn Ihr Gegenüber Sie jedoch verhöhnt und vor den anderen lächerlich macht, ist diese Art von Gegenwehr zu schwach.

Knacken Sie die Häme

Schon beim „Wörtlichnehmen" hat sich eine Richtung abgezeichnet, die Erfolg verspricht: Wir müssen versuchen, bei unserem Gegenüber das „uneigentliche" Sprechen aufzuknacken. Zwingen wir ihn, seine verquere Redeweise aufzugeben und Klartext zu sprechen.

Aber müssen wir dann nicht damit rechnen, dass nun erst recht die Schleusen geöffnet werden und eine Sturzflut von Vorwürfen auf uns niederprasselt? Vielleicht. Vielleicht steckt hinter der Häme aber auch viel weniger Substanz, als Sie meinen. Und in jedem Fall gilt, dass Sie mit einem unverfälschten negativen Urteil immer noch besser davonkommen als mit einem hämischen Kommentar. Dies lässt sich leicht erklären:

- Häme konzentriert sich nicht auf die Sache, die Sie falsch gemacht haben, sondern richtet sich gegen Sie als Person. Sie zielt darauf ab, Sie lächerlich zu machen. Darüber lässt sich nicht diskutieren, daraus lässt sich nichts lernen.

- Eine Kritik, auch wenn sie noch so hart ausfällt, richtet sich zunächst auf den Sachverhalt. Wird sie persönlich, können Sie das ansprechen und zurückweisen. Häme kann nie persönlich *werden*, weil sie es immer schon *ist*.

Häme kostet wenig

Noch aus einem weiteren Grund sollten Sie den anderen dazu bringen, Klartext zu reden. Häme kann sehr verletzend sein. Wie ein Wutausbruch. Doch während die Wut, wie wir im vorigen Kapitel gesehen haben, viel Energie benötigt und nach dem ersten heftigen Ausbruch oft schnell verraucht ist, sodass man danach häufig zu einem konstruktiven Gespräch gelangen kann, ist Häme ganz anders gelagert: Ihr Gegenüber könnte von morgens bis abends in seinem Bürosessel sitzen und hämische Kommentare ablassen, ohne dass ihm auch nur eine Schweißperle auf die Stirn tritt. Ohne jede Anstrengung kann er ganze Abteilungen terrorisieren. Und ein aufbauendes Gespräch dürfen Sie von jemandem, der hämisch ist, auch nicht erwarten.

Lassen Sie sich nicht fertig machen

Wohlverstanden: Wir reden hier nicht mehr über die ironischen Spitzen und sarkastischen Bemerkungen, die Sie mit den bisher genannten Mitteln ganz gut parieren können. Wir reden über das hämische Fertigmachen. Und da hilft Ihnen kein Mitspielen, keine gute Laune und kein lockerer Spruch mehr weiter. In solchen Fällen sollten Sie dem anderen deutlich zu verstehen geben: Ich nehme es nicht hin, von Ihnen so behandelt zu werden. Auch wenn sich Ihr Gegenüber so benimmt: Es gibt kein Menschenrecht auf Häme. Vielmehr haben Sie einen Anspruch darauf, sich gegen hämische Kommentare zu wehren und zu schützen.

> **Tipp 77:**
> Will Sie Ihr Gegenüber durch hämische Angriffe fertig machen, sparen Sie sich ironische Kommentare. Sie müssten den anderen ja irgendwie überbieten. Denn wenn Sie ironisch antworten, lassen Sie sich auf das Spiel ein und akzeptieren, dass es auf dieser Ebene immer so weiter geht. Genau das aber wollen Sie ja verhindern. Auch sich sarkastisch für das „nette Kompliment" zu bedanken, während Sie gerade ausgelacht werden, empfiehlt sich nicht.

Sagen Sie das magische Wort

Wenn uns jemand mit Häme überzieht, dann fühlen wir uns hilflos und würden am liebsten im Boden versinken. An Gegenwehr wagen wir fast gar nicht zu denken. Schließlich haben wir meist irgendeinen Fehler gemacht. Was sollten wir da dem anderen entgegenhalten?

Es gibt eine Möglichkeit, ihn zu stoppen. Und zwar durch das magische Wörtchen *ich*. Sagen Sie dem anderen nicht, dass er sich unangemessen, niederträchtig oder menschlich unakzeptabel verhält. Spielen Sie nicht den geprügelten Hund, der um Mitleid winselt. Damit provozieren Sie allenfalls, dass er Sie noch tiefer demütigt. Haben Sie Mut und sagen Sie einfach: Ich. Dem kann Ihr Gegenüber nicht viel entgegensetzen.

Beispiele

 „Ich möchte, dass Sie mit diesen hämischen Kommentaren aufhören." Oder: „Ich möchte, dass Sie diesen hämischen Tonfall ablegen."

Eine solche Aussage steht erst einmal im Raum und muss von Ihrem Gegenüber verdaut werden. Auch wenn Sie noch so großen Blödsinn angestellt haben, diesen Satz dürfen Sie *immer* sagen. Und er wird seine Wirkung nicht verfehlen.

Beispiel

 Bei seinem Vortrag hat Herr Kück technische Probleme: „Was ist denn da los? Ich versteh das nicht ..." – „Sie *verstehen* das nicht so genau ... aha!", lässt sich Dr. Fetzer vernehmen. „Großartig, machen Sie mal weiter!" Herr Kück ignoriert die Bemerkung. Ihm gelingt es schließlich, das nächste Schaubild an die Wand zu projizieren. „Hier sehen Sie die Umsatzentwicklung der letzten drei Quartale", erläutert er. „Brillantes Schaubild", trompetet Dr. Fetzer dazwischen, „das hat mich schon bei Ihrem letzten Vortrag so stark beeindruckt." Die Kollegen lachen. Herr Kück wendet sich an Dr. Fetzer: „Wenn es Kritik an meinem Vortrag gibt, dann sollten wir darüber sprechen, Herr Dr. Fetzer. Aber ich möchte, dass Sie mit diesen hämischen Kommentaren aufhören." – „Jetzt spielen Sie nicht die Mimose", knurrt Dr. Fetzer. „Gegen Kritik bin ich überhaupt nicht empfindlich", entgegnet Herr Kück, „aber gegen Häme."

Beharren Sie darauf: Keine Häme!

Die erste Reaktion Ihres Gegenübers lautet häufig: Sie sollen sich mal nicht so anstellen. Erst machen Sie Fehler und dann wollen Sie noch mit Samthandschuhen angefasst werden. In diese Ecke dürfen Sie sich nicht drängen lassen. Geben Sie zu, dass Sie einen Fehler gemacht haben. Oder laden Sie die anderen ein, Kritik zu üben. Wie schon angesprochen, ist es wichtig, diese beiden Dinge nicht zu vermengen: Einer Kritik, auch wenn sie vernichtend ist, müssen Sie sich stellen. Häme müssen Sie sich nicht gefallen lassen. Beharren Sie darauf, dass die anderen ohne Häme Kritik üben. Diesen Wunsch kann Ihnen niemand verwehren, will er sich nicht selbst zum Scheusal machen.

Suchen Sie sich Verbündete

Wer sich über Ihre Bitte hinwegsetzt, der kann nicht mit besonderer Sympathie rechnen. Vorher haben die übrigen Anwesenden vielleicht noch über die hämischen Kommentare geschmunzelt. Jetzt werden sie sich deutlich unbehaglicher fühlen. Vielleicht werden sie das Verhalten des Angreifers innerlich missbilligen. Und das können Sie ausnutzen.

Versuchen Sie einen Verbündeten zu gewinnen. Einen, der Sie zumindest darin unterstützt, dass es auf die Sachebene zurückgeht. Sprechen Sie ihn, wenn das möglich ist, direkt an und fordern Sie ihn auf, Stellung zu nehmen. Achten Sie aber darauf, niemanden in einen Loyalitätskonflikt zu stürzen. Damit bringen Sie den Angesprochenen nur in eine unangenehme Lage und riskieren selbst, dass er Sie hängen lässt.

> **Tipp 78:**
> Kommen Sie gegen den hämischen Gegner nicht an, ist ein respektabler Abgang sinnvoller als sich weiter der unerträglichen Situation auszusetzen.

„Witzige" Ablenkungsmanöver

Beispiel

 Herr Martin nimmt an einer Podiumsdiskussion teil. Er ist sehr engagiert bei der Sache. Bisher hat er seinen Standpunkt gut vertreten und seinen Kontrahenten, Herrn Bernhard, in Argumentationsnöte gebracht. Da fragt Herr Bernhard plötzlich in einem witzigem Tonfall: „Sagen Sie mal, Herr Martin, warum schwitzen Sie eigentlich so?" Das Publikum lacht. Und Herr Martin weiß absolut nicht, wie er auf diese unsachliche Bemerkung reagieren soll.

Wenn wir uns von solchen „witzigen" Ablenkungsmanövern überrumpeln lassen, ist das äußerst ärgerlich. Wir fragen uns: Was soll das jetzt? Vielleicht starten wir aus Verlegenheit einen Gegenangriff, der aber häufig versandet. Vielleicht verlangen wir eine Entschuldigung, was zur Folge hat, dass nun darüber geredet wird, ob die Bemerkung wirklich ehrverletzend oder nicht vielmehr „Spaß" gewesen ist. Sie kehren zur eigentlichen Diskussion zurück, doch Sie merken: Irgendwie ist der Faden gerissen. Sie haben an Sicherheit verloren und wirken längst nicht mehr so souverän wie vorher. Das kleine Manöver hat seinen Zweck erfüllt.

Bleiben Sie beim Thema

Mit solchen unsachlichen Störfeuern müssen Sie immer rechnen, wenn Sie vor einem Publikum diskutieren. Dabei kann das Publikum aus Ihren Arbeitskollegen oder Freunden bestehen. Sie müssen also gar nicht in der Öffentlichkeit Ihren Standpunkt vertreten, um in so eine unangenehme Lage zu geraten. Mit einem Wort: Es kann jeden treffen.

Die Sache ist zwar unangenehm, doch ist es gar nicht so schwierig, das Störfeuer auszuschalten. Sie sollten nur darauf achten, dass Sie nicht in eine der folgenden Fallen geraten:

- Sie dürfen nicht die Fassung verlieren. Lassen Sie sich nicht lähmen oder aus dem Konzept bringen. Wenn es Sie dennoch umhaut: Atmen Sie einmal tief durch, sammeln Sie sich und antworten Sie in aller Ruhe.

- Verzichten Sie auf jede Art von Revanche, Richtigstellung, Diskussion über Angemessenheit oder Unangemessenheit der Bemerkung.

Ihr Diskussionspartner versucht ja nicht ohne Grund einen „Nebenkriegsschauplatz" zu eröffnen. Lassen Sie ihn nicht entwischen, bleiben Sie beim Thema. Verändern Sie auch nicht Ihre Haltung, mit der Sie bis jetzt diskutiert haben. Bleiben Sie so, wie Sie vorher waren. Betrachten Sie die abfällige Bemerkung als Steilvorlage, die Sie nunmehr im gegnerischen Tornetz versenken müssen.

Eine simple Feststellung

Manche gehen über die Bemerkung einfach hinweg. Keine gute Lösung, denn das Publikum hat die unsachliche Äußerung ja gehört; es richtet seine Aufmerksamkeit auf die Schweißperlen auf Ihrer Stirn und denkt sich: „Stimmt ja, der schwitzt, der Arme." Also sollten Sie schon irgendetwas dazu sagen, damit diese Kränkung so nicht im Raum stehen bleibt.

„Das ist ein plumpes Ablenkungsmanöver", könnten Sie sagen. Aber das klingt etwas steif. Es spricht zu wenig Souveränität aus diesen Worten. Und das Publikum wird immer noch grinsend auf Ihre Schweißperlen blicken. Greifen Sie stattdessen auf unsere bewährte Dolmetscher-Technik zurück. Leisten Sie für Ihr Publikum die angemessene „Übersetzungshilfe".

Beispiel

Podiumsdiskussion. Der Kontrahent fragt Herrn Martin unvermittelt: „Sagen Sie mal, Herr Martin, warum schwitzen Sie eigentlich so?" Das Publikum lacht. Herr Martin erwidert trocken: „Sie machen sich Gedanken über meinen Körperzustand. Ich würde hingegen lieber zum Thema zurückkommen. Ich denke, da sind noch ein paar Punkte offen. Nämlich ..."

Dass Sie wieder zum Thema zurückführen, ist wichtig. Sie müssen die Zuhörer sozusagen wieder mitnehmen, damit sie gar nicht länger über Ihre Schweißperlen, Ihre Frisur, Ihre gepunkteten Socken, Ihre Micky-Maus-Krawatte oder was auch immer nachdenken. Mit einer solchen souveränen Reaktion lassen Sie den anderen ins Abseits laufen. Nun erscheint er mit einem Mal lächerlich.

Schlagen Sie zurück

Nicht immer müssen Sie ausgleichen, abwiegeln, über eine Kränkung hinweglachen oder den Beleidiger zur Rede stellen. Manchmal ist es einfach das Beste, schlagfertig zu kontern, den Angriff also kurz und knapp zurückzulenken. Dabei gilt der Grundsatz: Je heftiger und unfairer Sie attackiert werden, desto „härter" dürfen Sie zurückschlagen.

Allerdings sollten Sie immer im Auge behalten, dass Sie durch eine allzu treffende Bemerkung den anderen verletzen werden. Gerade wenn Sie die Lacher auf Ihrer Seite haben, wird er sich bloßgestellt fühlen und natürlich Sie dafür verantwortlich machen. Durch Schlagfertigkeit kann man sich Feinde fürs Leben machen. Ungünstig, wenn es sich dabei um den eigenen Chef handelt.

Und doch – manchmal geht es einfach nicht anders, Sie müssen sich Respekt verschaffen. Wenn Sie ständig auf die Befindlichkeiten Ihrer Mitmenschen Rücksicht nehmen, dann tun Sie sich keinen Gefallen. Im Gegenteil, Sie schwächen sich selbst. Der Angreifer findet ja nichts dabei, Sie lächerlich zu machen. Er will sich auf Ihre Kosten profilieren. Das sollten Sie sich nicht gefallen lassen. Also setzen Sie sich zur Wehr. Dadurch zeigen Sie dem anderen, dass Sie nicht so schwach sind, wie er glaubt. In Zukunft lässt er Sie dann hoffentlich in Ruhe. Und es wird auch Ihrem Selbstbewusstsein gut tun, wenn Sie bemerken, dass es Ihnen gar nicht so schwer fällt, den Angreifer aufs Kreuz zu legen.

Lenken Sie den Angriff zurück

Nach Möglichkeit sollte die Beleidigung, die uns jemand an den Kopf wirft, wieder auf ihn zurückfallen. Wenn jemand Sie einen „Dummkopf" nennt, dann sollte er nach Ihrer Antwort selbst als „Dummkopf" dastehen. Das gleiche gilt für Angriffe wie „psychisch gestört", „Angeber" oder „schwul" (auch wenn Sie das keineswegs für etwas Beleidigendes halten, aber der *andere* meint es so, *deshalb* unterstellt er es Ihnen; also schieben Sie die Unterstellung einfach zurück).

Es wird Ihnen helfen, wenn Sie sich bei Ihrer Antwort an diesem Muster orientieren. Immerhin besteht dann auch nicht die Gefahr, dass Sie über das Ziel hinausschießen – oder sich zu schwach zur Wehr setzen.

Beispiel

 Herr Ewers regt sich über einen Fehler von Herrn Marks maßlos auf. „Ihnen haben sie wohl das Gehirn amputiert, was?" Herr Marks kontert trocken: „Wieso fragen Sie, Herr Ewers? Brauchen Sie eins?"

Sie müssen einen Umweg gehen

Wir haben es schon im dritten Kapitel angesprochen: Ihre Antwort wird erst dadurch schlagfertig, wenn Sie einen Umweg gehen und die Beleidigung nicht einfach zurückgeben. Hätte Herr Marks geantwortet: „Mir haben sie nicht das Hirn rausgenommen, aber Ihnen", dann wäre das nicht schlagfertig gewesen, sondern plump.

Dabei muss der Umweg gar nicht lang sein, ja, er sollte es gar nicht sein. Machen Sie es sich einfach. Ein einziger „Kniff" genügt. Dieser Kniff kann über ein Wortspiel führen oder ein absichtliches Missverständnis (S. 217). So hat im eben genannten Beispiel Herr Marks die Frage nach der Hirnamputation nicht als Beleidigung aufgefasst, sondern als Erkundigung nach einem dringend benötigten Organ. Der Beleidigte erklärt sich kurzerhand zum möglichen Organspender. Ein anderes „schlagendes" Beispiel verdanken wir dem Schlagfertigkeitstrainer Matthias Pöhm:

Beispiel

 Herr Kerzer bemerkt, dass sein junger Kollege, Herr Zerbe, einen Ohrring trägt. Mit breitem Grinsen erklärt Herr Kerzer: „Männer, die Ohrringe tragen, sind schwul." – „Und warum tragen Sie dann keinen?", entgegnet Herr Zerbe.

Tipp 79:
Sie finden leichter eine Antwort, wenn Sie bei jedem Angriff gedanklich unterstellen, der andere hat genau das Problem, mit dem er Sie beleidigen will. „Sie können nicht bis drei zählen!" – „Ach was! Sie suchen doch nur einen Dummen, der mit Ihnen in die Selbsthilfegruppe geht." Oder: „Biertrinker sind primitiv." – „Ich wusste gar nicht, dass Sie solche Unmengen davon trinken."

Bilden Sie Gegensätze

Ein dankbares Stilmittel, um einen Angriff zurückzulenken: Sie greifen sich irgendein Element heraus und bilden dazu den Gegensatz. Kommt dabei etwas heraus, was irgendwie kränkend ist, haben Sie gewonnen.

Beispiel

 Bei nächster Gelegenheit wandelt Herr Ewers seine Beleidigung ab und schleudert Herrn Marks entgegen: „Ihnen hat's wohl ins Hirn geregnet!" Herr Marks kontert trocken: „Und in Ihrem Hirn, Herr Ewers, herrscht nach wie vor die große Trockenheit."

Wenn jemand ein Hirn hat, in das es hineinregnet, ist das eine Beleidigung. Aber vom „regennassen" Hirn kommen Sie leicht zum „ausgetrockneten". Und das ist genauso wenig schmeichelhaft. Also können Sie damit bestens kontern. Sie müssen übrigens nicht den exakten Gegenbegriff finden, sondern können variieren und sich die Sache hinbiegen, bis eine Kränkung daraus wird.

Beispiel

 Herr Ewers sagt zu Herrn Marks: „Sie sind ein Vollidiot." Herr Marks kontert trocken: „Und bei Ihnen, Herr Ewers, hat es nicht mal zum Halbidioten gereicht."

Mit Logik brauchen Sie hier nicht kommen und argwöhnen, dass „Vollidiot" ja eine viel schlimmere Beleidigung als „Halbidiot" sei. Indem Herr Marks eine Wettbewerbssituation unterstellt, kann er die Rangfolge umdeuten: Wer es „nicht mal zum Halbidioten" schafft, steht naturgemäß unter dem „Vollidioten".

Auf diese Weise lassen sich auch andere grobe Beleidigungen durch scheinbare Gegensätze mühelos überbieten. Vor allem dann, wenn der andere seine Beschimpfung mit irgendeinem neutralen Beiwort ausstattet. Wer Sie für den „letzten Idioten" hält, dem können Sie entgegenhalten: „Und Sie sind der erste Idiot, der mir einfällt." Begeht jemand die Unvorsichtigkeit, Sie als „mieses *kleines* A..." zu bezeichnen, brauchen Sie sich wirklich nicht sehr anzustrengen, um eine würdige Erwiderung zu finden.

Beispiel

 „Sie sind eine falsche Schlange", sagt Frau Hunolt zu Frau Frings. Frau Frings erwidert: „Im Gegensatz zu Ihnen, Frau Hunolt, Sie sind eine richtige Schlange."

„Wenn das so wäre ..."

Nicht immer können Sie den Angriff direkt zurückleiten. Nehmen wir das Beispiel von den Biertrinkern, die angeblich alle so „primitiv" sind. Bekommen Sie das von jemandem an den Kopf geworfen, der gerade sein zweites Mineralwasser bestellt hat, während Sie vor Ihrem vierten Bier hocken, dann ist die Erwiderung „Ich wusste gar nicht, dass Sie solche Unmengen davon trinken", nicht gerade überzeugend. Oder wenn Sie ein paar Pfunde mehr auf die Waage bringen und von einem dürren Kollegen angepflaumt werden: „Dicke sind unappetitlich!", dann können Sie den Spargeltarzan schlecht zum „Fettsack" erklären.

Der kleine Umweg, den Sie gehen müssen, lautet: „Wenn das so wäre ..." Dem Abstinenzler, der verkündet: „Biertrinker sind primitiv", antworten Sie: „Wenn das so wäre, dann müssten Sie ja Unmengen davon trinken." Und den mageren

Mitmenschen, der Dicke für „unappetitlich" erklärt, lassen Sie wissen: „Wenn das so wäre, dann müssten Sie ja der reinste Fettsack sein."

Beispiel

 „Warum sind Frauen, die Karriere machen, eigentlich immer so hässlich?", fragt Herr Ewers die Marketingleiterin, Frau Bredow. „Hm, wenn das so wäre", entgegnet sie, „dann müssten Sie ja ein Vollweib sein!"

Die verzögerte Retourkutsche

Wir haben es erwähnt: Eine einfache Retourkutsche ist plump und bringt niemanden zum Lachen. Doch können Sie die Retourkutsche in einen sehr wirksamen Konter verwandeln, wenn Sie sie einfach ein wenig später in Bewegung setzen.

Beispiel

 Frau Frings läuft auf dem Büroflur Frau Hunolt in die Arme. Die kann sich mal wieder eine Gehässigkeit nicht verkneifen: „Wie laufen Sie denn hier rum? Wie der letzte Müllsack!" – „Ach, ich wusste gar nicht, dass Müllsäcke laufen können", erklärt Frau Frings versonnen. „Abgesehen von Ihnen natürlich."

Zunächst weisen Sie den Angriff zurück: Sie können ihn zerpflücken, logisch in Frage stellen oder sich selbst für nicht betroffen erklären. Und dann, wenn die Sache eigentlich schon erledigt ist, hauen Sie dem Angreifer seine Beleidigung nochmals um die Ohren. Dabei wirkt Ihre Antwort besonders komisch, wenn Sie den Angriff vorher als puren Unsinn hingestellt haben. (Mehr zur Komik im nächsten Kapitel.) Aber auch wenn Ihre Antwort gar nicht komisch ist, können Sie sie erheblich anschärfen, indem Sie einfach noch eine Retourkutsche nachschieben. Allerdings sollten Sie solche Konter mit Bedacht wählen und nur bei schweren Kränkungen einsetzen, sonst wirken sie schnell unverschämt.

Beispiele

In einer Besprechung. Frau Hunolt bemerkt verächtlich auf einen Vorschlag von Frau Frings: „Sie wollen sich ja nur wichtig machen." „Aber Frau Hunolt, ich will mich nicht wichtig *machen*, ich *bin* wichtig", erklärt Frau Frings lächelnd. „Im Gegensatz zu Ihnen."

Herr Marks fragt Herrn Ewers, warum ein Kunde abgesprungen ist. Herr Ewers fährt Herrn Marks an: „Fragen Sie doch nicht so blöd, Sie Schwachkopf!" Herrn Marks erwidert: „Es gibt keine blöden Fragen, nur blöde Antworten." Und nach einer kurzen Pause fügt er hinzu: „Ihre zum Beispiel, Sie Schwachkopf."

Tipp 80:
Will Ihnen bei Ehrverletzungen kein geeigneter Konter einfallen, dann ist auch schon viel gewonnen, wenn Sie den Angreifer in die Sache hineinziehen können. Erklärt dieser etwa mit hämischem Unterton: „Sie könnten sich eigentlich mal waschen", antworten Sie: „Dann müssten Sie ja ganz alleine hier rumstinken!"

Wie Sie die anderen zum Lachen bringen

Mit Humor werden Sie sehr viel schlagfertiger. Sie brauchen nur ein Gespür für die geeigneten Situationen – und natürlich ein paar geistreiche Techniken.

In diesem Kapitel lesen Sie,

- wie Sie sich durch Lachen Sympathien erwerben (S. 198) und mit lustigen Bemerkungen heikle Situationen meistern (S. 200), vor allem aber

- wie Sie mit der „Sie haben Recht"-Methode (S. 210), Clownspielen (S. 216), klassischen Gegenkontern (S. 222) oder der Akupunkturtechnik (S. 226) Ihre Schlagfertigkeit zur Meisterschaft treiben.

Die wundersame Kraft des Lachens

Beispiel

 Herr Pepperberg hält eine Präsentation. Sein Vortrag wird nur durch einen Umstand beeinträchtigt: Der Reißverschluss seiner Hose ist offen. Während er auf ein Schaubild deutet, erklärt er seinem Publikum: „Hier zeige ich Ihnen mal zum Vergleich unsere Eckdatenplanung. In vielen Bereichen stehen wir gar nicht so schlecht da." Da räuspert sich Frau Thieme vernehmlich und zieht die Augenbrauen zusammen. Herr Pepperberg sieht sie an: „Ja, Frau Thieme, was gibt's?" Die antwortet: „Sie haben da ...", und räuspert sich vielsagend. Pepperberg versteht nicht: „Wie bitte?" Frau Thieme wird deutlicher: „Herr Pepperberg, Sie haben da einen, ähm, einen Toilettenfehler." Pepperberg lacht: „Aha. Das sollte natürlich nicht passieren." Er schließt den Reißverschluss und fragt dann trocken: „Gibt es sonst noch irgendein Problem, das ich aktuell beheben kann?" Gelächter.

Wenn wir lachen, geht es uns gut. Denn Lachen löst Anspannungen. Wir fühlen uns aber nicht nur wohl, sondern befinden uns auch im Einklang mit denen, die mit uns lachen. Denn ein ganz starker Effekt des Lachens ist: Es wirkt ungemein ansteckend. Bringen Sie die anderen zum Lachen, können Sie es schaffen, dass sich eine unangenehme oder bedrohliche Situation in Nichts auflöst.

Es gibt aber nicht nur das harmlose, heitere Lachen, sondern noch viele andere Spielarten, etwa das verschwörerische Lachen, das verkniffene Lachen, das schadenfrohe, das hinterhältige, das alberne Lachen und das Auslachen. Im Prinzip können Sie alle möglichen Arten von Lachen für Ihre Schlagfertigkeit nutzen. Sie müssen nur wissen, wie Sie davon Gebrauch machen.

Lachen als „soziales Schmiermittel"

Seit einigen Jahren ist das Lachen wissenschaftlich genauer untersucht worden. Unter anderem interessierte die Lachforscher, worüber überhaupt gelacht wird. Das verblüffende Ergebnis: Wir lachen gar nicht so oft über irgendwelche Scherze oder zündende Pointen, sondern in der erdrückenden Mehrzahl der Fälle über banale Bemerkungen der Güteklasse: „Sieh mal an, da ist André."

Lachen ist eben nicht nur die Reaktion auf einen gelungenen Scherz, sondern in weit höherem Maße dient das Lachen als „soziales Schmiermittel": Wir lachen die anderen an, um ihnen zu zeigen, dass wir es gut mit ihnen meinen, dass sie sich keine Sorgen zu machen brauchen. Und wenn unser Gegenüber in das Lachen mit einstimmt, dann entsteht dadurch eine Verbindung. Dabei handelt es sich natürlich nicht um schallendes Gelächter, sondern um ein dezentes, freundliches Lachen, das uns manchmal gar nicht richtig bewusst ist.

Beispiel

 „Dürfte ich wohl mal rasch Ihren Fotokopierer für drei Kopien missbrauchen, Frau Frings?", fragt Herr Seibold und lacht vergnügt. „Tun Sie, was Sie nicht lassen können", entgegnet Frau Frings und lacht ebenfalls.

Witzig ist das nun nicht gerade. Aber darauf kommt es auch überhaupt nicht an. Vielmehr stimmen sich die beiden darauf ein, freundlich miteinander umzugehen. Gerade über solche leicht verfremdeten Bemerkungen, die wir mit einem Lachen begleiten, stellen wir häufig Kontakt her.

> **Tipp 81:**
> Etliche wissenschaftliche Untersuchungen haben es belegt: Mit wem wir lachen, den finden wir sympathisch – und dem schenken wir auch eher Vertrauen.

Die lustige Bemerkung

Mit einem Scherz zeigen Sie Ihrem Gegenüber: Ich bleibe entspannt und locker. Ich lasse mich von der – eventuell heikleren – Situation nicht gefangen nehmen, ich bleibe souverän. Das funktioniert ein bisschen so wie bei der Ironie (S. 173). Gleichzeitig ist die lustige Bemerkung auch ein Angebot an den anderen: Machen Sie mit, lassen Sie uns die Sache in gutem Einvernehmen regeln. Sehr oft wird sich der andere auf dieses Angebot einlassen. Denn häufig hat er ja auch etwas davon, wenn die Stimmung zwischen Ihnen gelöst ist. Es lohnt sich also, hin und wieder eine augenzwinkernde Bemerkung einzustreuen, um die Situation zu entkrampfen.

Vorsicht, Missverständnis!

Das Problem ist nur: Ihr Gegenüber muss Ihren Scherz auch richtig verstehen. Eine scherzhafte Bemerkung besteht fast immer aus einer Abweichung vom Gewohnten. Damit Ihr Gesprächspartner das überhaupt mitbekommt, muss er sowohl mit dem Gewohnten als auch mit Ihrer Art zu scherzen zumindest ein wenig vertraut sein. Sonst entstehen Irritationen. Das können Sie fast immer beobachten, wenn Angehörige verschiedener Kulturen aufeinander treffen.

> **Tipp 82:**
> Witzige Bemerkungen, die Ihr Gegenüber nicht zu deuten versteht, belasten die Beziehung. Wenn Sie die andere Seite nicht halbwegs einschätzen können, sollten Sie auf Scherze lieber verzichten.

Kritische Momente meistern

Es gibt immer wieder Situationen, die von Unsicherheit geprägt sind: Wir nehmen mit jemandem Kontakt auf, den wir nicht kennen. Wir geraten in eine ungewohnte Lage, müssen etwas tun, was wir noch nie getan haben. Oder wir stellen fest, dass etwas nicht stimmt. In solchen Momenten verkrampfen wir leicht. Eine scherzhafte Bemerkung hilft uns, diese Anspannung zu überspielen. Gleichzeitig ist sie ein Signal an die anderen: Es droht keine Gefahr. Gerade in kritischen Momenten sind scherzhafte Bemerkungen also hoch willkommen.

Beispiel

 Herr Diedenstedt bleibt mit fünf anderen Personen im Fahrstuhl stecken. „Tja", sagt Herr Diedenstedt, „was machen wir solange, bis die uns hier rausholen? Sollen wir Verstecken spielen?" – „Ich wäre eher dafür, dass wir uns eine Pizza kommen lassen", meint Frau Frings.

Peinlichkeiten überwinden

Eine scherzhafte Bemerkung ist das beste Mittel, um eine peinliche Situation zu meistern. Egal, ob Sie derjenige sind, dem etwas Peinliches widerfahren ist, ob Sie mit jemandem in dieser Lage stecken oder ob Sie einem anderen aus einer Peinlichkeit heraushelfen wollen.

Beispiel

 Der Multimilliardär Bill Gates war schon mehrmals Opfer gezielter Attacken mit Sahnetorten. Nach einem solchen Angriff wischte sich Gates die Sahne aus dem Gesicht, schleckte einen Finger ab und bemerkte, die Torte würde leider nicht schmecken.

Eine scherzhafte Bemerkung wirkt wie ein Entwarnung. Sie signalisieren, dass Sie sich von der Situation nicht überwältigen lassen. Sie betrachten die Angelegenheit mit Distanz. Sie finden souverän wieder in Ihren Normalzustand zurück.

Immer ein bisschen neben der Sache

Bei einer scherzhaften Bemerkung weichen Sie mehr oder weniger stark davon ab, was man als „normale Äußerung" betrachten würde. Diese „normale Äußerung" wäre so eine Art „Nullstelle" für die betreffende Situation.

Beispiel

 Wenn Sie morgens ins Büro kommen, dann grüßen Sie die Anwesenden wahrscheinlich immer auf die gleiche Art und Weise, eben „normal". Wollen Sie einen Scherz machen, dann müssen Sie von diesem Standardgruß abweichen. Wenn Ihnen umgekehrt jemand auf dem Büroflur ein freudiges „Ahoi!" zuruft, dann können Sie davon ausgehen, dass der andere scherzen wollte. Wenn Sie jetzt nicht ebenfalls irgendetwas Lustiges erwidern oder zumindest freundlich lachen, wird man Sie für einen Miesepeter halten.

Signalisieren Sie: Nicht ernst gemeint

Doch Abweichen allein genügt noch nicht. Wie bei der Ironie muss noch ein Signal hinzukommen, damit Sie wirklich sicher sein können, dass hier gescherzt wird und Ihr Kollege nicht vielleicht etwas durcheinander ist. Als Signale kommen in Frage:

- übertriebene Mimik, ausladende Gestik, pathetischer Tonfall,
- unpassende Formulierungen, Übertreibungen,
- absichtliche Versprecher, Wortdrehungen,
- Augenzwinkern, Lachen.

Setzen Sie diese Mittel nur sparsam ein. Sonst muss Ihr Gegenüber den Eindruck bekommen, Sie halten ihn für völlig abgestumpft.

> **Tipp 83:**
> Scherzhafte Bemerkungen erfordern immer eine scherzhafte Antwort. Sonst hält man Sie für einen Spielverderber (oder für begriffsstutzig). Dabei genügt es, wenn Sie Ihre Worte mit einem entsprechenden Signal unterlegen; wirklich witzig müssen Sie nicht sein.

Den Angreifer zum Lachen bringen

Wer Sie angreift, der meint es nicht gut mit Ihnen. Vielleicht will er Sie herabsetzen, seine schlechte Laune an Ihnen auslassen oder Kritik üben. Wenn es Ihnen jedoch gelingt, den Angreifer mit Ihrem Konter zum Lachen zu bringen, dann kann Ihnen nicht mehr viel passieren. Denn Lachen verbindet nicht nur, sondern wirkt entwaffnend. Darum ist es so ungemein attraktiv, sich mit einer lustigen Antwort zur Wehr zu setzen, über die der Angreifer (mit)lachen muss. Die Situation wird bereinigt und entspannt sich.

Beispiel

 Nach dem Vortrag von Herrn Melchior meldet sich eine Zuhörerin zu Wort: „Erst mal herzlichen Dank für Ihre Ausführungen, Herr Melchior." – „Bitte, bitte", erklärt Herr Melchior gut gelaunt. Die Zuhörerin verschärft ihren Ton: „Aber ich glaube, vieles, was Sie gesagt haben, kann man einfach nicht so stehen lassen." – „Schon gewonnen!", erklärt Herr Melchior. Gelächter im Publikum. Die Zuhörerin sieht sich kaum noch in der Lage, ihre Kritik anzubringen.

Sie haben drei Möglichkeiten

Wenn uns jemand angreift, dann hat er in aller Regel nicht die Absicht, gleich mit uns zu scherzen. Wir müssen den Angreifer also überlisten und ihn gegen seine Absicht zum Lachen bringen. Das ist durchaus möglich, denn Lachen ist nur begrenzt unserem Willen unterworfen. Manchmal platzt es einfach aus uns heraus.

Möchten Sie jemanden zum Lachen bringen, dann stehen Ihnen drei Möglichkeiten offen:

- Sie durchbrechen seine Erwartung. Wie Sie das machen, darauf kommen wir gleich zu sprechen.

- Sie setzen auf die ansteckende Kraft des Lachens. (Wie, erklären wir ab S. 208.)

- Sie spielen den Clown. (Mehr dazu in einem eigenen Kapitel ab S. 216.)

Durchbrechen Sie die Erwartung

Es ist das simpelste Rezept und es funktioniert fast immer: Tun Sie etwas, womit der andere nicht rechnet. Aber Vorsicht: Wenn die Sache bedrohlich gerät, lacht er nicht mit, sondern wird unsicher oder bekommt es mit der Angst zu tun. Sie müssen also gleichzeitig sicherstellen, dass die Sache absolut harmlos ist. Und genau das ist auch der tiefere Sinn der Heiterkeits- und Ironiesignale: Beschwichtigung.

Was vorhersagbar ist, das bringt uns hingegen nicht zum Lachen. Deswegen nutzen sich die witzigen Sprüche auch so schnell ab, und deswegen gehen uns die Leute besonders auf die Nerven, die sich selbst für ungeheuer witzig halten. Wir haben ihre Masche durchschaut, sie können uns nicht mehr überraschen.

Biologisches Grundmuster

Dass wir lachen müssen, wenn wir auf harmlose Art und Weise überrascht werden, scheint uns biologisch einprogrammiert zu sein. Wir *können* offenbar gar nicht anders. Zumindest legen das einige Laborversuche nahe, die vor einigen Jahren durchgeführt wurden.

Die Versuchsanordnung war ganz einfach: Stellen Sie sich eine Reihe von zehn Gewichten vor. Sie heben das erste an, es ist sehr leicht. Das zweite ist ein wenig schwerer, das dritte noch ein wenig schwerer und so fort. Das Gewicht nimmt stetig zu, bis Sie das zehnte Gewicht ergreifen, in der sicheren Erwartung, nunmehr das schwerste stemmen zu müssen. Sie reißen es mit Schwung in die Höhe und stellen fest: Es ist das leichteste von allen. Da müssen Sie lachen.

Erwartungen aufbauen und zerplatzen lassen

Das Spiel mit den Erwartungen klappt fast immer. Aber dazu müssen auf der Gegenseite erst einmal Erwartungen bestehen. Je sicherer Ihr Gesprächspartner mit einer bestimmten Reaktion rechnet, umso leichter können Sie diese Erwartungen zerplatzen lassen. Das zeigt sich schon in unserem Beispiel von Seite 204: Herr Melchior hält einen Vortrag, die Zuhörerin möchte ihre Bedenken anbringen und erwartet natürlich, dass Herr Melchior sich bemüht, ihre Kritik zu entkräften. Seine Reaktion, noch vor der eigentlichen Kritik das Feld zu räumen („schon gewonnen!"), widerspricht allen Erwartungen. Daher muss das Publikum erst einmal lachen. Ob Herr Melchior so davonkommt, ist eine andere Frage. Aber erst einmal hat er die Lacher auf seiner Seite. Und es bleibt ihm ja unbenommen, auf die Kritik noch im Detail einzugehen.

Beispiele

 „Also, ich gebe Ihnen jetzt mal meine Durchwahl", sagt Herr Ewers zu Herrn Marks. „Haben Sie was zu schreiben?" – „Natürlich", versichert Herr Marks. „Also notieren Sie: 12 49", sagt Herr Ewers. Herr Marks erwidert: „Ich notiere: 48 7 03." Beide lachen.

Vor einer geschäftlichen Besprechung stellt die Gastgeberin, Frau Reimann, Herrn Marks die Frage, die Sie immer stellt: „Möchten Sie etwas trinken?" Herr Marks erwidert: „Nein danke, ich bin schon betrunken." Frau Reimann schüttelt lachend den Kopf: „Aber Herr Marks." – „Keine Sorge", erklärt der, „war nur Spaß."

Vorsicht, Scherzkeks!

Kommen diese Aktionen wirklich überraschend, dann lösen sie meist Gelächter aus. Allerdings sollten Sie sich vor einer Sache hüten: Der andere sollte nicht den Eindruck gewinnen, dass Sie ihn verschaukeln wollen. Machen Sie sich also nicht auf seine Kosten lustig und lassen Sie ihn nicht auflaufen. Sonst lösen Sie kein Gelächter aus, sondern Unmut.

Beispiel

„Entschuldigen Sie", spricht ein Kollege Herrn Ewers auf dem Büroflur an. „Können Sie mir sagen, welche Uhrzeit wir haben?" Herr Ewers bremst ab, schiebt seinen Ärmel nach oben, schaut auf seine Uhr, nickt, antwortet: „Oh ja, höchste Zeit." Und entfernt sich schnellen Schrittes. Der Kollege schüttelt ärgerlich den Kopf.

Tipp 84:
Scherze nutzen sich schnell ab. Deshalb sollten Sie Ihre scherzhaften Bemerkungen variieren (die Telefonnummer falsch zu wiederholen, ist schon beim zweiten Mal nicht mehr lustig). Außerdem: Bringen Sie solche Späße nicht zu oft an. Sonst hält man Sie schneller, als Sie meinen, für einen „Scherzkeks". Und das ist nur ein etwas freundlicherer Ausdruck für Nervensäge.

Unsinn ist nicht lustig

Über puren Unsinn lachen wir im Allgemeinen nicht – höchstens, wenn wir ganz ausgelassen sind. Im Normalfall muss immer eine Verbindung bestehen zwischen dem, womit der andere rechnet, und dem, was Sie dann sagen. Entfernen Sie sich daher mit Ihrer Reaktion nie zu stark von den Erwartungen Ihres Gegenübers. Ganz gezielt allerdings können Sie unsinnige Aussagen im Rahmen der SIHR-Technik (S. 210) einsetzen.

Wer angegriffen wird, hat es leichter

Die Hinweise, die wir Ihnen gerade gegeben haben, gelten in erster Linie, wenn Sie ohne besonderen Anlass komisch sein wollen. So wie Herr Marks und Herr Ewers in unseren Beispielen. Die Ansprüche an Ihre Entertainer- und Komikerqualitäten sinken rapide, wenn Sie angegriffen werden.

Das liegt vermutlich daran, dass Sie dann wesentlich leichter die Erwartungen durchbrechen können. Werden Sie heftig attackiert, erwartet man von Ihnen, dass Sie den Kopf einziehen oder sich wehren. Bleiben Sie gelassen, erzählen Sie irgendeinen Blödsinn oder fallen Sie aus der Rolle, so ist das eine Überraschung. Und man wird Sie für Ihren Witz und Ihre Schlagfertigkeit weit eher bewundern, als wenn Sie den gleichen Spruch anbringen, falls Sie jemand auf dem Büroflur nach der Uhrzeit fragt.

Die Ansteckungskraft des Lachens nutzen

Beispiel

Ein erfolgreicher Zeitungsjournalist, der seinen Gesprächspartnern ziemlich unangenehme Fragen stellen musste, pflegte seine Telefoninterviews immer mit gut gelauntem Gelächter einzuleiten. Mit dieser simplen Methode überwand er erstaunlich schnell den Widerstand der Befragten.

Erstaunlicherweise können Sie jemanden dadurch zum Lachen bringen, indem Sie ihn einfach anlachen. Gelingt das nicht, dann haben Sie ein Problem mit ihm (oder er mit Ihnen). Denn mit unserem Lachen strecken wir sozusagen die Hände nach dem anderen aus. Lacht er mit, haben wir eine Verbindung. Bleibt er ernst, dann ist das ein deutliches Zeichen, dass er mit uns nicht so viel zu tun haben will. Oder dass seine Grundstimmung momentan in einer völlig anderen Spur läuft.

Ansonsten können Sie die Ansteckungskraft des Lachens in dreifacher Hinsicht nutzen:

- Lachen Sie Ihren Gesprächspartner einfach an, wenn Sie kontern. Allein das wirkt häufig entwaffnend.

- Ist Ihr Gegenüber Teil einer Gruppe (oder eines Publikums), dann sollten Sie die Gruppe zum Lachen bringen. Weil er zur Gruppe gehört, muss der Angreifer mitlachen; ansonsten macht er sich zum Außenseiter.

- Gehören Sie der Gruppe an, gelingt es Ihnen vielleicht sogar leichter, die Gruppe zum Lachen zu bringen. Dadurch mildern Sie den Angriff beträchtlich ab, denn wenn die Gruppe über eine Bemerkung von Ihnen lacht, dann heißt das so viel wie: Der gehört zu uns.

Lachen in der Gruppe

Gruppen und Cliquen grenzen sich dadurch ab, dass ihre Mitglieder über bestimmte Dinge lachen. Diese Dinge sind häufig gar nicht besonders komisch, aber das ist auch nicht entscheidend. Wichtig ist allein, dass alle, die dazugehören, darüber lachen, und alle, die nicht dazugehören, nicht darüber lachen (können); nicht zuletzt, weil sie häufig keine Ahnung haben, wovon überhaupt die Rede ist.

Solche „Insiderscherze" können Sie für sich nutzen. Spielen Sie einfach auf die Dinge an, die in der Gruppe als lustig gelten. Benutzen oder verfremden Sie das Vokabular, das in dieser Gruppe üblich ist. Damit werden Sie in der Regel Ihre Zuhörer zum Lachen bringen.

> **Tipp 85:**
> Wenn Sie noch nicht lange zu einer Gruppe gehören, können Insider-Scherze allerdings auch nach hinten losgehen, weil es den anderen allzu anmaßend erscheint, dass Sie als Neuling derjenige sein wollen, der hier die Witze macht.

Einfach überraschend: die SIHR-Technik

Womit rechnen Sie, wenn Sie jemanden angreifen? Damit dass er sich verteidigt. Womit kann er Sie also überraschen? Damit, dass er Ihnen Recht gibt. Auf diesem simplen Grundsatz beruht die sehr beliebte SIHR-Technik, die ihren Namen den Anfangsbuchstaben der Antwort verdankt: „Sie haben Recht!"

Natürlich geben Sie dem Angreifer nicht wirklich Recht. Vielmehr nennen Sie die Gründe, warum Sie sich so zustimmend äußern. Und diese Gründe sind so haarsträubend, dass es komisch ist. Oder Sie übertreiben den Angriff ins Maßlose – mit dem gleichen Effekt. Tatsächlich können Sie mit einem überraschenden SIHR-Konter einen sehr gehässigen Vorwurf völlig ins Leere laufen lassen.

Beispiel

„Frau Broich, Sie essen einfach zu viel", bemerkt der Kollege Stechbart. „Sie haben Recht", antwortet Frau Broich, „im Restaurant bestelle ich grundsätzlich: Einmal Speisekarte bitte!"

Sanft und souverän kontern

Die besondere Stärke der SIHR-Technik: Sie erscheinen humorvoll, souverän und selbstsicher. Wenn Sie Gehässigkeiten auf diese Weise an sich abprallen lassen, reagieren Sie eben nicht beleidigt und schlagen nicht zurück. Das bringt Ihnen oft große Sympathien ein, während der Angreifer, wenn er nicht gleich schallend mitlacht, als boshafte Giftspritze dasteht.

Abwegige Gründe gesucht

Die Mechanik der SIHR-Technik ist sehr einfach. Doch ihre praktische Anwendung ist es ganz und gar nicht. Denn Sie müssen in Sekundenschnelle den Angriff Ihres Gegenübers mit einem unerwarteten Argument überbieten. Und solche verblüffenden Argumente fliegen Ihnen nicht automatisch zu, wenn sich ein Angreifer vor Ihnen aufbaut und Sie durch den Kakao zieht. Anders gesagt, Sie müssen sich vorbereiten. Ihre Antworten können Sie im Ernstfall ja immer noch variieren und der Situation anpassen. Aber das Kerngerüst sollte schon einmal stehen.

Welche Gehässigkeiten müssen Sie sich anhören?

Die SIHR-Technik funktioniert also nur, wenn Sie ungefähr wissen, was auf Sie zukommt. Mit welchen Boshaftigkeiten wird Sie Ihr Gegenüber attackieren? Worüber kann er sich lustig machen? Das Gute dabei ist: Das Repertoire solcher Vorwürfe ist meist gut überschaubar. Es geht stets um die gleichen Dinge: Nicht unsere wirklichen Schwachpunkte, sondern das, was sich unsere Mitmenschen immer wieder herauspicken, um über uns herzuziehen. Zum Beispiel:

- Die äußere Erscheinung: Sind Sie zu dick, zu dünn, zu groß (Bohnenstange), zu klein, zu unauffällig? Haben Sie eine Glatze, einen Zopf, große oder kleine Ohren, Sommersprossen, auffällige Zähne, einen Bart? Ein Vorwurf, mit dem wir alle rechnen müssen: „Sie sind hässlich!"

- Kleidung & Co.: Sie sind zu modisch gekleidet, zu unauffällig? Zu teuer, zu billig, zu bunt, zu grau, zu elegant, zu lässig, zu offenherzig? Tragen Sie Schmuck? Verwenden Sie Parfum – oder eben nicht? Ein Vorwurf, mit dem wir alle rechnen müssen: „Das Zeug, das Sie tragen, ist absolut geschmacklos!"

- Die Art, wie Sie sprechen: Zu laut oder zu leise? Haben Sie einen Sprachfehler? Reden Sie Dialekt („Lernen Sie erst mal richtig Hochdeutsch!") oder sagen Sie häufiger „äh"? Ein Vorwurf, mit dem wir alle rechnen müssen: „Sie können kein Deutsch."

- Ihre Eigenarten und Angewohnheiten: Ihre Hobbys, Ihre politische Einstellung, Ihre moralischen oder religiösen

Vorstellungen. Ein Vorwurf, mit dem wir alle rechnen müssen: „Sie sind vielleicht ein Spinner!"

- Irgendwelche vermeintlichen „Fehlleistungen": Versprecher, Stolperer, Bildungslücken, Vergesslichkeiten? Ein Vorwurf, mit dem wir alle rechnen müssen: „Sie sind dumm."

Das ist Ihr Ausgangsmaterial. Damit können Sie „arbeiten". Formulieren Sie einen Angriff und überlegen Sie, wie Sie ihn hemmungslos überbieten oder ins Abstruse treiben können.

Beispiele

„Sie sollten nicht so viel reden." – „Sie haben Recht. Dann würde ich merken, dass ich taub bin."

„Sie bewegen sich zu wenig." – „Sie haben Recht. Wenn ich beim Fernsehen zu oft umschalte, bekomme ich schon Muskelkater."

„Sie sind dumm." – „Sie haben Recht. Mein IQ liegt bei minus 200.000."

„Oh, Sie haben aber ein aufdringliches Parfüm." – „Sie haben Recht, in Brasilien tötet man damit Termiten."

„Sie sind ein Stubenhocker." – „Sie haben Recht. Ich verlasse nur das Zimmer, wenn die Feuerwehr kommt."

„Sie sind aber dünn." – „Sie haben recht. Wenn ich vom Fünfmeterbrett springe, kommt meine Badehose vor mir unten an."

Man nennt mich nur ...

Sie können die Sache etwas vereinfachen, indem Sie sich einen abstrusen Beinamen zulegen, mit dem Sie sich dann „brüsten".

Beispiel

 „Sie haben Recht, man nennt mich nur den wandernden Panzerschrank / die Parkuhr in Menschengestalt / die sprechende Spardose / den laufenden Meter." Oder: „Meine Freunde nennen mich ..."

> **Tipp 86:**
> Einen noch größeren Lacheffekt mit der SIHR-Technik erzielen Sie, wenn Sie die Sache umdrehen und sich selbst einen völlig unpassenden Beinamen zulegen. Damit können Sie sich spielerisch verteidigen, nach dem Muster: „Sie sind aber klein." – „Wie kommen Sie denn darauf? Meine Freunde nennen mich nur das lange Elend."

Spielen Sie dem Angreifer in die Hände?

Was Sie da über sich selbst sagen, ist nicht gerade schmeichelhaft. Wenn das ein anderer über Sie behaupten würde, wäre das eine schwere Kränkung. Vielleicht befürchten Sie, damit dem Angreifer zu helfen, der Sie heruntermachen möchte? Doch diese Angst ist unbegründet, denn:

- Sie selbst als der Angegriffene treiben den Vorwurf noch viel weiter. Der andere kann Sie nicht mehr verletzen.

- Ihre Aussage ist so absurd, dass niemand sie ernst nimmt. Vielmehr löst sie Lachen aus, ein befreiendes Lachen, das zeigt: Sie haben den Angriff pariert.

- Sie formulieren Ihre Aussage so selbstbewusst, dass der andere merkt: Sein Angriff tut Ihnen nicht im Geringsten weh.

Nichts für „witzige" Angriffe

Es gibt allerdings eine wichtige Einschränkung: Wenn der andere Sie auf eine „witzige" Art angeht, sollten Sie auf eine andere Technik zurückgreifen. Denn bei der SIHR-Technik sollten Sie derjenige sein, der die Sache ins Komische kippen lässt. Überbieten Sie einen „witzigen" Angriff, wirkt es so, als würden Sie dem Angreifer Recht geben und sich selbst in die Pfanne hauen.

Den Angriff in den Unsinn treiben

Doch gibt es noch weitere Methoden, den Angriff dadurch lächerlich zu machen, dass Sie ihn in den Unsinn treiben. So können Sie den anderen auf vermeintliche Vorteile hinweisen, die Sie genießen, oder Sie überbieten den Angriff.

Beispiele

„Vorteile" herausstreichen: „Sie haben ja Segelohren." – „Ja, und wenn ich mit den Ohren wackele, dann kann ich fliegen."

Überbieten: „Sie wissen wohl nicht, wie man Krebse isst?", fragt der Gastgeber herablassend. „Doch, natürlich", sagt der Gast. „Strohhalm reinstechen und aussaugen."

Sie können auch ein absurdes Gegenargument bringen, das auf der gleichen Logik beruht wie der Angriff.

Beispiel

Eine rauchende Mutter bekommt zu hören: „Frauen, die in der Schwangerschaft rauchen, bekommen hyperaktive Kinder. Das ist wissenschaftlich erwiesen." Da gibt sie zur Antwort: „Es ist aber auch wissenschaftlich erwiesen, dass Frauen, die in der Schwangerschaft Müsli essen, Kinder mit Rosinen im Kopf bekommen."

Spielen Sie den Clown

Um die anderen (und am besten auch Ihren Angreifer) zum Lachen zu bringen, können Sie auch gleich in die Rolle des Spaßmachers schlüpfen. Sie geben zu verstehen, dass Sie den Angriff nicht ernst nehmen, sondern dass es Ihnen Vergnügen macht, damit herumzuspielen. An Ihre Zuhörer ergeht das Angebot: Spielt mit, amüsiert euch, habt Spaß mit mir!

Sie nehmen sich Narrenfreiheit

Als Clown verhalten Sie sich unangemessen. Sie verdrehen Wörter, missverstehen grundsätzlich, was man Ihnen sagt, mit einem Wort, Sie spielen den Narren, der sich einen Spaß daraus macht, alles falsch zu machen. Natürlich weiß jeder, dass Sie nicht beschränkt sind und angemessen reagieren könnten. Sie tun es aber nicht; Sie nehmen sich die Freiheit, die Narrenfreiheit, sich widersinnig zu benehmen.

Diese Rolle wirkt nur auf den ersten Blick schwach. In Wahrheit kann sie außerordentlich stark machen. Denn als Clown machen Sie sich unangreifbar. Jede Attacke prallt an Ihnen ab. Sie signalisieren auch damit, dass Sie Angriffe nicht ernst nehmen, sich nicht bedroht fühlen. Den Clown bekommt man nie zu packen, er kann sich nicht blamieren. Er spielt sein Spiel und ist daher souverän.

Das absichtliche Missverständnis

Eine typische Clownstechnik besteht darin, das Gesagte absichtlich falsch zu verstehen.

Beispiele

Herr Marks rempelt auf einer Betriebsfeier aus Versehen einen Unbekannten an. Der fährt ihn an: „Können Sie nicht aufpassen?!" Da antwortet Marks ruhig: „Doch natürlich. Auf wen?"

Frau Frings in der Kantine: „Die Nudeln schmecken heute so komisch." – Ihre Kollegin: „Und warum lachst du dann nicht?"

Was solche Wortspiele betrifft, so muss man sagen, dass viele durch häufigen Gebrauch sehr stark abgenutzt sind. Mit Kalauern von vorgestern werden Sie nicht gerade als Meister des feinen Humors gefeiert werden. Wer auf die Frage: „Wie finden Sie eigentlich unseren Chef?", immer noch antwortet: „Ganz einfach, ich gehe in sein Büro!", der dürfte eher ein gequältes Lächeln hervorrufen als einen Lacher.

Bei Angriffen ist alles erlaubt

Und doch wandelt sich wieder einmal das Bild, wenn Sie attackiert werden. Hier werden die Ansprüche an Originalität drastisch heruntergefahren. Zweitklassige Wortspiele gehen da noch locker durch. Vor allem wenn Sie heftig und unfair angegangen werden, sollten Sie auch das dürftigste Wortspiel nicht verschmähen.

Beispiel

Bei einer Betriebsfeier erkundigt sich Herr Wölfle höflich bei Frau Lüttner, ob er sich an ihren Tisch setzen darf. Die mustert ihn von unten nach oben und fährt ihn dann an: „Was fällt Ihnen denn ein?!" Herr Wölfle erwidert: „Mir fällt gerade ein, dass sich manche Leute einfach nicht benehmen können. Guten Abend."

Das ist durchaus eine schlagfertige Antwort. Und sie dürfte von den Umstehenden auch so empfunden werden. Stellen Sie sich das gleiche Wortspiel jedoch in einer entspannten Atmosphäre vor, so läge es auf einem ähnlichen Niveau wie der „gefundene Chef".

> **Tipp 87:**
> Keine Scheu vor einem schwachen Wortspiel, wenn Sie angegriffen werden. Abgegriffene Kalauer sollten Sie jedoch lieber meiden; auch wenn gilt: Selbst diese sind immer noch besser, als gar nichts zu sagen.

Auf der Suche nach dem doppelten Sinn

Auch auf mittelmäßige Wortspiele kommen Sie jedoch nur, wenn Sie ein gewisses Gespür für den Doppelsinn entwickelt haben. Dabei können Sie auch klangliche Ähnlichkeiten und Reime nutzen. Wie zum Beispiel „Doppelsinn" und „Doppelkinn".

Viele Wörter haben je nach Zusammenhang unterschiedliche Bedeutungen. Für diese Wörter sollten Sie empfänglich sein. Sie können sie sammeln und aufschreiben. Dadurch erweitern Sie nicht nur Ihre sprachlichen Fähigkeiten, es wird Ihnen in Zukunft auch wesentlich leichter fallen, im Fall des Falles ein passendes Wortspiel bei der Hand zu haben.

Beispiel

 „Sie können nicht mit Kunden umgehen", bemerkt Herr Ewers zu Herrn Marks. „Na ja, wie man Kunden um*geht*, das wissen Sie natürlich am allerbesten."

Missverstandene Situationen

Es gibt jedoch nicht nur Worte, die Sie absichtlich falsch auffassen können. Auch Situationen eignen sich bestens, um ihnen einen neuen Sinn unterzuschieben. Bei der Schlagfertigkeit geht es in der Regel darum, dass Sie dem Angriff eine positive, zumindest aber neutrale Deutung geben. So könnten Sie, wenn Sie jemand anfährt, einfach so tun, als hätte er Sie um einen Rat gefragt.

Beispiel

„Meine Güte, Frau Brusch, wie kann man nur so fett sein?", bemerkt ihr Kollege, Herr Bleninger, als Frau Brusch ihren Nachtisch auslöffelt. „Ganz einfach", bemerkt Frau Brusch. „Immer anständig essen."

Oder jemand äußert sich abschätzig über Ihre Kleidung und Sie unterstellen ihm, er wolle sie Ihnen abkaufen. Oder jemand lässt Sie richtig auflaufen und Sie tun so, als wären Sie es, der dem anderen leider einen Korb geben muss.

Beispiel

Noch einmal Herr Wölfle, der sich höflich bei Frau Lüttner erkundigt hat, ob er sich an ihren Tisch setzen darf, und eine Abfuhr bekommt: „Was fällt Ihnen ein?" Herr Wölfe zuckt die Achseln: „Frau Lüttner, ich verstehe ja, dass Sie sauer auf mich sind. Aber ich kann mich wirklich nicht den ganzen Abend um Sie kümmern."

Das ist schon eine ziemlich harte Methode, einen Angriff abzubiegen. Auf der anderen Seite war die Äußerung von

Frau Lüttner so demütigend, dass Herr Wölfle sich schon etwas derber zur Wehr setzen darf.

Eher spielerisch und amüsant kann es zugehen, wenn Sie eine Äußerung einfach umkehren und das, was bemängelt wird, verstärken, während Sie das, was gelobt wird, fallen lassen.

Beispiel

 „Frau Ludwig, wenn ich mir Ihr Konzept so anschaue", bemerkt Herr Greuter zu der Kontakterin der Werbeagentur, „dann muss ich sagen: schöne Grafiken, aber wenig Substanz." – „Also gut", erwidert Frau Ludwig, „dann lassen wir das nächste Mal die Grafiken weg."

Ziehen Sie den Angreifer durch den Kakao

Wer Ihnen feindselig gegenübersteht, wird nicht unbedingt mit Ihnen lachen, wenn Sie einen Angriff mit Witz und Humor parieren, sich zum Clown machen oder eine ähnlich harmlose Technik anwenden. Er lacht höchstens über Sie. Das wollen Sie natürlich verhindern – mit einer schlagfertigen Retourkutsche. Aber eben nicht die sozialverträglichen „Win-win-Techniken", die Sie von den Kommunikationstrainern vermittelt bekommen, bringen Sie hier weiter, sondern solche, die darauf abzielen, den Angreifer lächerlich zu machen.

Vorsicht, Eskalationsgefahr

Beispiel

Frau Jechow steigt zusammen mit zwei jungen Frauen aus der Buchhaltung in den Fahrstuhl. Darin steht schon ihr Intimfeind, Herr Sauer. Der tut mal wieder ganz harmlos: „Frau Jechow, bremsen Sie eigentlich auch für Tiere?" Frau Jechow ahnt Übles – und antwortet trocken: „Für solche wie Sie niemals." Die Buchhalterinnen kichern. Der Lift hält an und die drei Frauen steigen aus. Herr Sauer ärgert sich und überlegt, wie er es Frau Jechow heimzahlen kann.

Natürlich machen Sie sich beim Angreifer mit einer schallenden Ohrfeige nicht gerade beliebt. Aber darum geht es nun nicht mehr. Es geht darum, dass Sie sich verteidigen, Ihre bedrohte Souveränität und Würde bewahren. Dennoch sollten Sie sich, wenn Sie mit einer scharfen Waffe zurückschlagen, über die Folgen im Klaren sein. Machen Sie den anderen lächerlich, ist das demütigend. Es wird in ihm den brennenden Wunsch wecken, es Ihnen bei nächster Gelegenheit heimzuzahlen. Woraufhin Sie nun erst recht ... Kurzum, es droht eine Eskalation, die für alle sehr unerfreulich sein kann.

Wenn Sie zum Gespött gemacht werden

Wenig Skrupel brauchen Sie zu haben, wenn Sie jemand gezielt vor Publikum bloßstellen möchte. Das erhöht den Druck, souverän zu bleiben und sich Respekt zu verschaffen. Wenn es Ihnen gelingt, geschickt zu kontern, können Sie sicher sein, dass Sie von den anderen Sympathien ernten. Vor allem, wenn Sie einen rücksichtslosen Provokateur aufs Kreuz legen. Denn Menschen mögen es einfach, wenn der, der sich gemein und unfair verhält, dafür bezahlt. Geschieht dies auch noch auf eine lustige Art, umso besser. Als Alternative kommen hier übrigens am ehesten noch die sachlichen Techniken wie die Gegendarstellung (S. 88) oder die Nachfrage (S. 90) an.

Jemand hat Sie beleidigt

Bei Beleidigungen gilt im Prinzip das Gleiche. Nur lassen sich hier manchmal noch „mildernde Umstände" finden; denken Sie etwa an wütende Ausbrüche, wo Sie mit einer weniger kränkenden Gegenwehr häufig besser fahren. Dennoch gilt der Grundsatz: Je schwerer der Angriff, desto härter die Verteidigung. Damit Sie sich in diesem Fall entsprechend verteidigen können, stellen wir Ihnen zwei Techniken vor: den klassischen Gegenkonter und die Akupunktur-Technik.

> **Tipp 88:**
> Ihre volle Wirkung entfalten der klassische Gegenkonter und die Akupunktur-Technik, wenn Sie den Angreifer vor einem Publikum durch den Kakao ziehen. Das Publikum kann übrigens auch nur aus einer einzigen Person bestehen.

Der klassische Gegenkonter

Schlagfertigkeit in Reinkultur: Jemand greift Sie an, aber Sie drehen den Spieß einfach um. Sie bleiben unversehrt, den Schaden und den Spott hat Ihr Angreifer. Der klassische Gegenkonter ist elegant, aber auch sehr schwierig, die hohe Schule der Schlagfertigkeit sozusagen.

Sie schlagen den Angreifer mit seinen eigenen Waffen

Wie beim „umgedrehten Messer" (S. 80) geht es darum, den Angriff auf den anderen zurückzulenken. Nur gehen Sie beim klassischen Gegenkonter wesentlich geschickter vor: Sie borgen sich die Formulierungen beim Angreifer. Das hat zwei wichtige Konsequenzen: Ihre Antwort wird wesentlich witziger. Und sie darf so scharf ausfallen, wie immer es möglich ist. Einen gelungenen Gegenkonter wird Ihnen das Publikum immer verzeihen. Wenn Ihre Antwort vernichtend ausfällt, dann liegt es hauptsächlich an Ihrem Gegenüber, der sich so meisterhaft selbst aufs Kreuz gelegt hat.

Doch diese große Stärke ist zugleich auch der größte Nachteil: Zwar dürfen Sie sich herausnehmen, was geht, aber Sie bleiben immer an das gebunden, was der Angreifer sagt. Lassen sich seine Worte nicht gut umdrehen, haben Sie Pech gehabt.

Das klassische Beispiel

 Bei einer Abendgesellschaft bekam der britische Premierminister Winston Churchill von einer gewissen Lady Astor zu hören: „Wenn ich mit Ihnen verheiratet wäre, würde ich Ihnen Gift geben." Churchill konterte: „Und wenn ich mit Ihnen verheiratet wäre, würde ich es nehmen."

Dieses viel zitierte Beispiel zeigt, was einen klassischen Gegenkonter ausmacht. Churchill übernimmt fast die komplette Formulierung, ersetzt aber an entscheidender Stelle einen Begriff durch einen Gegenbegriff („Gift geben" wird zu „Gift nehmen") und formuliert dadurch einen überraschenden Gegenangriff, der die Bemerkung von Lady Astor ins Leere laufen lässt. Dass der Konter so schlagend ist, verdankt sich der Tatsache, dass er genauso formuliert ist wie der Angriff. Hätte Churchill gesagt: „Na, dann würde ich das Zeug auch freiwillig schlucken", hätte er die Pointe verschenkt.

Nach dem Echoprinzip zu antworten und Begriffe auszutauschen, genügt allerdings nicht. Die Antwort: „Und wenn ich mit Ihnen verheiratet wäre, dann würde ich Sie erschießen", wäre bestimmt nicht als schlagfertige Meisterleistung in Erinnerung geblieben. Schlagfertig wird die Sache erst, weil trotz fast gleicher Formulierung eine neue, überraschende Aussage herauskommt. Lady Astor fasst ihre Abneigung in einen Tötungswunsch, Churchill die seine in eine (natürlich nicht ernst gemeinte) Selbstmordabsicht.

Echoprinzip plus Umkehrprinzip

Ein gelungener Gegenkonter lehnt sich formal sehr eng an den Angriff an. Was Sie übernehmen können, sollten Sie übernehmen. Besonders Satzanfang und Satzende bieten sich an, weil hier der Echoeffekt am besten zum Tragen kommt.

Das zweite formale Prinzip für Ihre Antwort ist die Umkehrung: Sie verkehren Aussagen in ihr Gegenteil und ersetzen einzelne Begriffe durch den Gegenbegriff:

Beispiel

 Aus „ich" wird „du", aus „Männern" werden „Frauen", aus „mit" machen Sie „ohne" und „schwarz" verwandeln Sie in „weiß".

Allerdings gibt es für viele Wörter mehrere Gegenbegriffe, was Ihre Möglichkeiten erweitert. So kann aus „schwarz" durchaus auch „rot" werden (als die beiden Farben beim Roulette, als politische Gegenfarben) oder „hell" (schwarz wie die Nacht, hell wie der Tag). Dabei können Sie das Umkehrprinzip großzügig auslegen: aus einer Frage eine Antwort machen, Ursache und Wirkung umdrehen oder auch Wörter benutzen, die keine Gegenbegriffe, aber aneinander gekoppelt sind („dick und doof"). Die Hauptsache ist ja, dass etwas Überraschendes dabei herauskommt.

Beispiel

Die neue Sekretärin plagt sich mit dem unleserlichen Gekrakel ihres Chefs herum. „Ich kann Ihre Schrift nicht lesen", beklagt sie sich. Er entgegnet: „Ich gebe Ihnen zwei Monate Zeit, sich an meine Schrift zu gewöhnen." Die Sekretärin kontert: „Und ich gebe Ihnen zwei Wochen Zeit, so zu schreiben, dass ich es lesen kann."

Eine gewagte, aber sehr schlagfertige Antwort, die nur deswegen funktioniert, weil sie sich die Stilmittel ausborgt und inhaltlich für eine Überraschung sorgt: Die Anweisung des Chefs wird nicht befolgt, sondern zurückgegeben, und zwar in verschärfter Form: Hatte die Sekretärin noch zwei Monate Zeit, bleiben dem Chef nur zwei Wochen.

Kontern Sie, wie Sie wollen

In der Praxis werden Sie nur selten Gelegenheit haben, auf die klassische Art zu kontern. Es macht aber nichts, wenn Sie Ihren Konter eine Nummer kleiner anlegen. Übernehmen Sie nur ein, zwei Elemente und machen Sie es im Übrigen, wie Sie wollen. Der Konter ist dann oft nicht so zwingend, aber immer noch schlagfertig.

Beispiel

Herr Diedenstedt bemerkt zu Frau Frings: „Bislang hat man hier noch jeden, der Ihrer Ansicht war, rausgeworfen." Frau Frings kontert: „Na, dann wird es ja mal Zeit, dass man jemanden rauswirft, der Ihrer Ansicht ist." Nach kurzer Überlegung fügt sie hinzu: „Wüssten Sie jemanden? Mir fällt niemand ein."

Tipp 89:
Mit dem Gegenkonter können Sie auch die (vermeintlich) witzigen Angriffe zurückweisen. Denn er ist zwar scharf, aber auch spielerisch genug, dass sich Ihr Gegenüber nicht gleich verletzt fühlen muss.

Die Akupunktur-Technik

Bei aller Eleganz hat der Gegenkonter einen Nachteil: Er ist nicht sehr zielgenau. Was Sie dem anderen an den Kopf werfen, hängt ganz davon ab, was er Ihnen vorher entgegengeschleudert hat. Im Grunde ist der Gegenkonter eine Wortspielerei – auch die giftigste Antwort kann Ihr Gegenüber noch mit Humor nehmen.

Manchmal wollen Sie sich vielleicht etwas härter und nachdrücklicher zur Wehr setzen. Für diese Zwecke gibt es die Akupunktur-Technik. Sie verfährt nach dem Prinzip: Kleiner Stich – große Wirkung.

Bei der Akupunktur-Technik geht es um Zielgenauigkeit. Sie pieksen den anderen nicht dorthin, wo er Sie gerade gestochen hat, sondern dorthin, wo er es am deutlichsten spürt. Der Grundgedanke ist der: Ihr Gegenüber richtet seine Angriffe auf *Ihre* Schwachpunkte, Sie tun ein Gleiches mit *seinen* Schwachpunkten. Ihre Antwort hängt also nicht so sehr vom Angreifer ab, sondern Sie entscheiden, wo Sie mit Ihren bösen Worten „einstechen".

Und wo kommt jetzt der Witz in die Sache? Nun, da gibt es zwei Methoden: die Karikatur und die Unterstellung.

Sie machen den anderen zur Karikatur

Spießen Sie jene Charakterzüge auf, die für den anderen typisch sind, für die er bekannt oder berüchtigt ist. Reduzieren Sie ihn auf diese Eigenschaft und spielen Sie gnadenlos immer wieder darauf an. Das mag staubtrocken klingen. Doch ist diese Methode geradezu beängstigend erfolgreich.

Beispiel

 Herr Diedenstedt steht in dem Ruf, sich für einen unwiderstehlichen Frauenhelden zu halten. Seine Kollegin Frau Frings kann daher jeden Angriff mit einem maliziösen Hinweis auf seine angeblichen amourösen Abenteuer beantworten – und die Kollegen, die zuhören, biegen sich vor Lachen.

Natürlich ist es nicht mit einem plumpen Hinweis getan, nach dem Muster: „Sie nun wieder, Sie alter Klemmordner-Casanova." Vielmehr gehen Sie kurz auf den Angriff ein, um dann schmerzhaft zurückzustechen.

Beispiel

> Herr Diedenstedt: „Frau Frings, Sie sind eine halbe Stunde zu spät. Wieder Probleme beim Einparken?" Frau Frings: „Ach, Herr Diedenstedt, bei Ihrer Erfahrung mit liebestollen Frauen wissen Sie ja *so* gut, warum Frauen sich verspäten." Die Kollegen kichern.

Der entscheidende Punkt ist: Hat Ihr Angreifer einen bestimmten Ruf weg, dann müssen Sie überhaupt keine großartigen Pointen mehr zünden. Eine Anspielung auf die kleine Schwäche genügt – und es wird gelacht. Es muss übrigens nicht immer nur eine Schwäche sein – jedes hervorstechende Merkmal bietet sich an: Ihr Gegenüber geht ins Fitness-Studio, legt sehr viel Wert auf seine Kleidung oder liest Liebesromane? Kein Problem, spielen Sie darauf an, und Sie ernten einen Lacherfolg. Denn wir finden es einfach komisch, wenn unsere komplizierten Mitmenschen auf ein typisches Merkmal reduziert werden.

Beispiel

> Herr Elger, der als sehr eitel verschrien ist, sagt zu Herrn Machner: „Merken Sie eigentlich gar nicht, wie lächerlich Sie sich in letzter Zeit benehmen?" Herr Machner erwidert: „Wieso? Passt mein Outfit nicht zu Ihren Kroko-Schuhen?" Die Kollegen johlen.

Solche Repliken sind außerordentlich beliebt, außerordentlich wirksam und außerordentlich gefährlich. Denn sie haben die Tendenz auszuufern. Einmal, weil Ihr Gegenüber den dringenden Wunsch hegen wird, sich zu revanchieren, und es auch irgendwann tut. Dann aber auch, weil diejenigen, die zuhören, eine besonders treffende Bemerkung gerne wieder aufgreifen. So könnte Herr Elger schnell zum „Mann mit den

Kroko-Schuhen" werden, der sich immer wieder Anspielungen dieses Typs anhören muss.

> **Tipp 90:**
> Schlagen Sie nicht immer in die gleiche Kerbe. So etwas vergiftet das Klima. Wenn die Gefahr besteht, dass jemand zur Dauerlachnummer abgestempelt wird, sollten Sie sich an solchen Aktionen nicht beteiligen. Schon weil Sie selbst das nächste Opfer sein könnten.

Sie arbeiten mit einer Unterstellung

Nicht immer kennen Sie den Angreifer gut genug, dass Sie auf ein markantes Merkmal anspielen können. Dann gibt es Abhilfe: Sie unterstellen ihm Absichten, die ihn lächerlich erscheinen lassen. Dabei bieten sich die folgenden unlauteren Motive an, die so gut wie immer passen:

- Neid: Sie unterstellen, dass der andere Sie angreift, weil er es nicht verkraften kann, dass Sie so brillant und erfolgreich sind.

- Grausamkeit: Sie unterstellen, dass er kein anderes Ziel hat, als Sie fertig zu machen. Er weidet sich daran, Sie mit Dreck zu bewerfen.

- Selbstherrlichkeit: Sie unterstellen, dass er Sie herabsetzt, um sich selbst großartig zu fühlen.

- Dummheit: Sie unterstellen, dass Ihr Gegenüber gar keine Ahnung hat, wovon er überhaupt redet.

- Ablenkung von eigenen Schwächen: Sie unterstellen, dass er Sie nur deshalb angreift, um nicht selbst mit Hohn und Spott überschüttet zu werden.

Der letzte Punkt ist besonders abgefeimt, weil Sie selbst ja nichts anderes tun, als die (vermeintlichen) Schwächen Ihres Gegenübers zum Thema zu machen. Natürlich gilt auch für die Unterstellungen, dass Sie davon nur Gebrauch machen sollten, wenn Sie besonders unfair angegriffen werden.

Beispiele

„Sie haben so ein Gesicht, das man von morgens bis abends ohrfeigen möchte", sagt ein Kollege zu Herrn Diedenstedt. Herr Diedenstedt kontert: „Ich kann ja verstehen, dass Sie neidisch auf mein Gesicht sind. Denn was Sie zwischen den Ohren haben, tragen andere Leute unter dem Rücken."

Frau Dietz hat Besuch von ihrem neuen Freund. Ihr Nachbar, Herr Lösche, quittiert das mit einer ziemlich unflätigen Bemerkung. „Aber Herr Lösche", sagt Frau Dietz, „seien Sie doch froh. Ich bringe ein wenig Abwechslung in Ihr trostloses Leben."

In der Kantine. „Würden Sie mir einen Gefallen tun, Herr Marks?" – „Und der wäre, Herr Ewers?" – „Setzen Sie sich bitte auf einen anderen Platz. Ich kann nicht mit ansehen, wie Sie hier rumschlabbern." – „Ach was, Herr Ewers, ich soll doch nur nicht mitbekommen, wie Ihnen beim Kauen wieder das Gebiss rausfällt."

Schlagfertig vor Publikum

Wenn Sie im Beisein von anderen schlagfertig sein müssen, ist das ein besonderer Fall: Ihre Antworten richten sich nicht allein auf Ihren Kontrahenten, sondern Sie müssen auch das Publikum überzeugen und auf Ihre Seite ziehen.

In diesem Kapitel lesen Sie

- wie Sie sich in einer Diskussion gut behaupten (S. 232), Angreifer geschickt unterbrechen (S. 233) und gegen Schmutzwerfer vorgehen (S. 236);

- wie Sie in Interviews und Befragungen keine Antwort schuldig bleiben (S. 240), Suggestiv- und Fangfragen aushebeln (S. 242) oder sich gegen unsinnige Anweisungen wehren (S. 249).

Souverän in der Diskussion

Sie führen mit jemandem eine Diskussion, das Publikum hört zu und bildet sich eine Meinung über den Sachverhalt, über den geredet wird. Dieses Publikum entscheidet in vielen Fällen, wie gut Ihre Erwiderung angekommen ist. Es bildet eine Art „Resonanzraum", der die Wirkung Ihrer Aussage verstärkt oder völlig schluckt. Manchmal ist das Publikum sogar entscheidend. Es geht gar nicht darum, was Ihr Gesprächspartner von Ihnen denkt. Den müssen Sie nicht überzeugen, der muss Sie nicht sympathisch finden – aber Ihr Publikum.

Kein Fachchinesisch und: no Denglisch, please!

Viele Diskussionen laufen jedoch vollkommen an den Zuhörern vorbei. Die Gesprächspartner drücken sich unverständlich aus, werfen mit Zahlen um sich, die keiner versteht, greifen einander persönlich an und streiten über Dinge, die dem Publikum völlig egal sind.

> **Tipp 91:**
> Wenn Sie vor einem Publikum diskutieren, sollten Sie sich vorher darüber klar werden, wen Ihre Argumente erreichen sollen: Ihren Gesprächspartner oder das Publikum?

Die wichtigste Regel lautet: Reden Sie so, dass Sie jeder versteht. Es nützt Ihnen gar nichts, wenn Sie sich sachlich korrekt ausdrücken, aber niemand Ihnen folgen kann. Haben Sie keine Angst, zu stark zu vereinfachen. Wenn die Gegenseite Ihnen das vorwirft, können Sie die Sache immer noch kompliziert machen.

Beispiel

 Volker Knoll, Geschäftsführer eines Medienunternehmens, sollte „mal kurz die Zukunftsperspektiven" umreißen und gab folgende denkwürdige Antwort: „Die zentralen Kernerfolgsmetriken in unserem Business, wenn ich das mal so sagen darf, bestehen nicht länger im Wachstum um jeden Preis, sondern der Shift liegt mehr auf der Retention von Premiumkunden."

Auch und gerade, wenn Sie mit einem Experten über Ihr Fachgebiet diskutieren, sollten Sie Fachausdrücke meiden. Ihre Zuhörer sind dankbar für jeden Experten, den sie verstehen. Ebenso wirkt es albern, wenn Sie immer mal wieder englische Floskeln einstreuen wie „in my opinion", „das ist im Bereich von wishful thinking" oder „to tell you the truth". Man wird Ihnen auch glauben, dass Sie viel herumkommen, wenn you speak German to the Germans.

Tipp 92:
Kurze Sätze bitte! „Sätze mit mehr als 13 Wörtern werden nicht mehr verstanden", meint der TV-Moderator Max Schautzer. Und das gilt besonders für Ihre schlagfertigen Repliken.

Unterbrechen will gelernt sein

Schlagfertigkeit lebt davon, dass Sie auf einen Angriff postwendend reagieren. Bei einer Diskussion vor Publikum ist es allerdings vorgesehen, dass jeder seinen Redebeitrag liefert, während die anderen den Mund halten. Sie bekommen anschließend Gelegenheit, zu den unbewiesenen Behauptungen, Verleumdungen und niederträchtigen Lügen der Gegenseite Stellung zu nehmen. Das klingt fair, ist es aber nicht.

Denn eine schlagfertige Erwiderung lebt meist davon, dass sie aus der Situation heraus kommt. Jede Verzögerung schmälert ihre Wirkung. Wenn Sie damit warten, bis Sie wieder an der Reihe sind, können Sie sich die Bemerkung gleich schenken.

Sie dürfen dem anderen ins Wort fallen

Und so hält sich eigentlich auch kaum jemand an diesen ehernen Grundsatz des kultivierten Gesprächs, die Profis am allerwenigsten. Das ist auch völlig in Ordnung, denn manchmal muss man einfach unterbrechen, um einen klugen, witzigen, treffenden Kommentar anzubringen. Das amüsiert das Publikum und verunsichert die Kontrahenten.

Beispiel

 Kontroverse Diskussion. Herr Frese ist auf der Suche nach einem möglichst konkreten Beispiel: „Also, ich sage Ihnen nur: Mein Schwager zum Beispiel ..." Herr Halmer fällt ihm ins Wort: „Komischerweise fällt Ihnen immer nur Ihr Schwager ein!" Gelächter im Publikum.

> **Tipp 93:**
> Wenn Sie Ihren Gegner unterbrechen wollen, dann tun Sie das mit einem möglichst knackigen Satz, der witzig und geistreich ist. Wer nur kopfschüttelnd protestiert und versucht, das Gespräch irgendwie an sich zu reißen, kommt beim Publikum nicht gut an. Ebenso wenig wie jemand, der nur in Zwischenrufen seine Missbilligung („Blödsinn! Lüge!") zum Ausdruck bringt.

Es ist ein Irrtum zu glauben, dass Sie punkten können, wenn Sie Ihrem Gegenüber möglichst oft ins Wort fallen und ihn durcheinander bringen. Das Gegenteil ist der Fall, Sie machen sich unmöglich. Sie wirken flegelhaft und aufdringlich, während der andere als Ihr Opfer erscheint. Beschränken Sie sich also bei Ihren Unterbrechungen auf ein, zwei Bemerkungen, die wirklich sitzen.

Beispiel

 Herr Frese beteuert: „Also, ich habe mit zahlreichen Experten gesprochen..." Herr Halmer fällt ihm ins Wort: „Ja, ja, wer Ihrer Meinung ist, den erklären Sie gleich zum Experten."

Tipp 94:
In Diskussionen gilt: Vorsicht vor allzu bösen Kommentaren, die den anderen der Lächerlichkeit preisgeben oder ihn niedermachen sollen. Wird der andere zum Opfer, kostet Sie das Sympathien.

„Lassen Sie mich bitte ausreden?"

Der Satz, der bei Diskussionen am häufigsten fällt, lautet: „Lassen Sie mich bitte ausreden?" Je kontroverser das Thema und je mehr Politiker mit am Tisch sitzen, umso wahrscheinlicher fällt diese magische Beschwörungsformel. Zunächst ist gegen diesen Satz gar nicht viel einzuwenden. Immerhin hat jeder das Recht, seine Sicht der Dinge darzulegen. Und dazu gehört selbstverständlich, dass man zu Ende sprechen darf. Ein unmissverständliches „Jetzt bin ich dran!" sorgt dafür, dass Sie Ihr gutes Recht auch durchsetzen.

Allerdings wird der Spruch „Lassen Sie mich bitte ausreden?" häufig eingesetzt, um sich mehr Redezeit zu verschaffen und vor allem um den Gegner ins Unrecht zu setzen. Dauerrednern, die nicht zum Ende kommen, können Sie mit einem der folgenden Kommentare antworten:

Beispiele

„Sie reden doch schon die ganze Zeit. Wann haben Sie denn ausgeredet?"

„Aber gerne. Was haben Sie denn zu sagen?"

„Ich wollte die Sache für Sie nur abkürzen."

„Ist das eine Bitte? Oder eine Drohung?"

Wenn der andere mit Schmutz wirft

Mancher Diskussionsteilnehmer neigt dazu, seine Gegenspieler mit Unterstellungen, Beleidigungen und Frechheiten zu überhäufen – vor allem wenn sich abzeichnet, dass er argumentativ ins Hintertreffen gerät. Damit verfolgt die Person zwei Absichten: Sie will Sie vor dem Publikum schlecht machen, und sie will Sie provozieren. Wenn Sie jetzt erregt dagegenhalten, ist eine sachliche Diskussion nicht mehr möglich. Damit hat der andere sein Ziel erreicht.

Unfair kommt schlecht an

Sie brauchen nicht zu befürchten, dass der andere durch sein Verhalten Sympathien sammelt. Wer zu solchen Mitteln greift, ist für jedes Publikum im Normalfall erledigt. Es ist daher dringend anzuraten, sich auf keinen Fall provozieren zu lassen. Sie haben zwei Möglichkeiten zu reagieren:

- Sie bleiben völlig gelassen, gehen allenfalls kurz auf die Vorwürfe ein und kehren dann zum eigentlichen Thema zurück.

- Sie entlarven das unfaire Manöver, breiten die Kränkungen noch aus und machen so Stimmung gegen die Dreckschleuder. Die Diskussion ist damit allerdings am Ende. Sie sollten sich auch weigern, sie mit so einem Gesprächspartner fortzusetzen.

Die Hauptgefahr, die von solchen Manövern ausgeht: Etwas von dem Dreck, den der andere gegen Sie verspritzt hat, könnte an Ihnen kleben bleiben. Daher raten wir Ihnen, kurz zu den Vorwürfen Stellung zu nehmen, um die Dinge klar zu stellen und Ihren Ruf zu retten.

Wenn Sie ins Hintertreffen geraten

Es kann immer mal vorkommen, dass es nicht so gut für Sie läuft. Der andere trifft den Nerv der Zuhörer besser, kommt sympathischer rüber oder er hat einfach Recht. Was dann? Nun, dann haben Sie zwei Möglichkeiten, die sich auch kombinieren lassen: Sie geben dem anderen einfach Recht und lenken die Diskussion auf ein neues Thema oder Sie werfen Nebel – frei nach Arthur Schopenhauer: Wenn du sie schon nicht überzeugen kannst, dann versuche, sie wenigstens zu verwirren.

Der andere hat Recht? Pech für ihn!

Hat der andere wirklich die besseren Argumente? Dann geben Sie ihm doch einfach Recht. So etwas wirkt Wunder. Und vor allem beendet es eine Diskussion, die für Sie noch lange und quälend werden könnte.

Beispiel

 Im Verlauf der heftigen Diskussion merkt Herr Koch, dass Frau Heinze einfach die besseren Argumente hat. Da schwenkt er plötzlich um: „Ach, Frau Heinze, ich glaube, wir sind vom Grundsatz gar nicht so weit voneinander entfernt. Was diesen Punkt betrifft, das sehe ich ja ganz genauso wie Sie. Was ich hingegen anders sehe, ist ..."

Mit dieser Strategie haken Sie das Thema, das Ihr Gegenüber so gut beherrscht hat, ab. Und können dann die Themen bringen, die Ihnen am Herzen liegen. Übrigens: Auch wenn Sie einmal einen Fehler oder eine Schwäche einräumen müssen, ist das nicht weiter schlimm. Denn so machen Sie deutlich, dass Sie nichts zu verbergen haben und mit sich im Reinen sind, was Sie sympathisch macht.

Wie Sie Nebel werfen

In vielen Fällen *können* wir der Gegenseite aber nicht Recht geben. Und zwar aus dem Grund, weil wir selten als Privatmensch auf dem Podium sitzen, sondern als Interessenvertreter. Wenn es für diese Interessen nun nicht so gut aussieht, dann müssen Sie zur zweiten Technik greifen und Nebel werfen. Wenn Sie als Experte für Verwirrung sorgen können, dann tun Sie das. Verweisen Sie auf Gutachten, die „noch nicht" vorliegen, Untersuchungen, die laufen und deren erste Ergebnisse „ermutigend" sind.

Und wenn Sie jemand festnageln will, dann vertrösten Sie ihn darauf, dass Sie „nach der Diskussion für solche Detailfragen zu Verfügung stehen". Ein sehr beliebtes Verfahren ist auch, auf renommierte Experten zu verweisen, die das genauso sehen wie man selbst und an die man sich gerne wenden könne („Wenn Sie nachher noch Zeit haben, gebe ich Ihnen die Telefonnummer.").

> **Tipp 95:**
> Natürlich wird auch dem Publikum nicht völlig entgehen, dass Sie ein wenig in die Defensive geraten. Darum gehört zum Nebelwerfen unbedingt dazu, dass Sie das Register wechseln und sich selbst als netten sympathischen Menschen ins Spiel bringen.

„Wir könnten hier noch stundenlang weiterdiskutieren ..."

Eine elegante Methode, aus einer ungünstigen Situation herauszukommen, ist der Themenwechsel. Doch den müssen Sie gut vorbereiten. Sie schließen das Thema ab, erklären, dass alle Argumente ausgetauscht sind und eröffnen nunmehr ein neues Thema.

Beispiel

„Herr Frese, Sie haben erklärt, warum Sie meinen, der Klebstoff sei unbedenklich", fasst Herr Halmer die Diskussion zusammen. „Ich habe meine Argumente dargelegt, warum ich das bezweifle. Darüber könnten wir noch Stunden in allen Einzelheiten weiterdiskutieren. Nur wird das unsere Zuhörer nicht interessieren. Viel interessanter scheint mir ein ganz anderer Punkt zu sein ..."

Fragen beantworten und Interviews meistern

Auch in Interviews, in Meetings, im Anschluss an Vorträge und Präsentationen sprechen Sie ein Publikum an. In einem wesentlichen Punkt unterscheidet sich die Befragung jedoch von der Diskussion: Sie haben keinen Widerpart, nur Sie selbst sollen Auskunft geben. Bei einem Interview werden Sie von jemandem befragt, der keine eigene Position vertritt, sondern Ihnen Fragen stellt, damit das Publikum mehr erfährt. Auch wenn er unfreundliche kritische Fragen stellt, tut er das im Interesse des Publikums. Insoweit ist es immer riskant, den Fragesteller anzugreifen.

Misstrauen macht misstrauisch

Ziel einer Befragung ist es, von Ihnen Auskünfte zu erhalten, zum Beispiel, weil Sie der Experte für das Thema sind oder weil Sie für bestimmte Dinge die Verantwortung tragen. Im zweiten Fall neigen viele zu einer defensiven Einstellung, wollen nichts Wesentliches preisgeben oder hoffen, dass möglichst wenig herauskommt. Das sind ungünstige Voraussetzungen. Wenn Ihre Zuhörer den Eindruck gewinnen, dass Sie die Fragen nicht beantworten, weil Sie etwas zu verbergen haben, werden sie misstrauisch. Insofern gilt auch hier: Es kommt eigentlich immer sehr gut an, wenn jemand bereit ist, Fehler einzugestehen. Das macht ihn menschlich und glaubwürdig. Wer sich hingegen dauerhaft als Sieger präsentiert, wirkt verkrampft und unsympathisch. Es ist also nicht ratsam, Fehler abzustreiten und Missgeschicke zu vertuschen.

> **Tipp 96:**
> Bei Interviews gilt als oberste Regel: Versuchen Sie nie, Ihre Zuhörer für dumm zu verkaufen. Stellen Sie sich auch unangenehmen Fragen, und Sie werden sich Respekt verdienen.

Überraschende Antworten kommen an

Gute Antworten sind kurz und nach Möglichkeit überraschend, eben schlagfertig. Dadurch erregen Sie die Aufmerksamkeit Ihrer Zuhörer und Sie kommen besser an. Diesen Effekt erreichen Sie mit verschiedenen Mitteln: mit originellen Vergleichen, mit entwaffnender Offenheit, mit Selbstironie oder witzigen Formulierungen.

Beispiele

Der Journalist Wolf Schneider hatte die Ehre, die legendäre Schauspielerin Elisabeth Bergner zu interviewen. Er begann mit einer ausgefeilten Einleitung, in der er von den goldenen Zwanziger Jahren in Berlin sprach, „als die Teenager noch Backfische hießen", und schloss mit der Frage: „Erinnern Sie sich eigentlich gerne an diese Zeit?" Die Bergner schaute ihn mit listigen Augen an und erwiderte: „Ich erinnere mich überhaupt nicht an *diese* Zeit, junger Mann."

In einem Interview mit der Zeitschrift „Playboy" wurde der Kabarettist Herbert Feuerstein gefragt, wie es um sein Liebesleben bestellt sei. Er antwortete: „Mein Lebensprinzip war immer: Frauen, bei denen ich keine Chance habe, finde ich erst gar nicht attraktiv. Das mindert den Leidensdruck gewaltig. Traumfrauen, die versuchen, ihren Mantel an mir aufzuhängen, weil sie denken, ich sei der Kleiderhaken, haben keinen Platz in meiner Phantasie. Außerdem bin ich in einem Alter, in dem einen die Hormone allmählich in Ruhe lassen. Ein Segen. Ich bin jedem Hormon dankbar, das abhaut."

Suggestivfragen aushebeln

Bei einer Suggestivfrage liefert der Fragende die Antwort gleich mit. „Sie werden doch wohl nicht ernsthaft behaupten, der Fachkräftemangel sei für Sie kein Thema?!" – „Nein, natürlich nicht", lautet die dazugehörige Antwort, die der Frager Ihnen vorlegt. Sie brauchen sie nur noch zu bestätigen.

Hinter solchen Suggestivfragen steckt nicht das Bedürfnis, etwa zu erfahren, sondern Ihr Gegenüber möchte nur eine Bestätigung von Ihnen. Manchmal haben Suggestivfragen durchaus ihren Sinn, Sie müssen also nicht immer die Alarmglocken schrillen hören. Allerdings sollten Sie Suggestivfragen erkennen und sich nicht von ihnen überrumpeln lassen.

Suggestivfragen versuchen, Sie dort abzuholen, wo Sie etwas für selbstverständlich halten oder halten sollen. Gefährlich wird es immer dann, wenn Ihnen Dinge untergeschmuggelt werden, die gar nicht so selbstverständlich sind und denen Sie auch nicht zustimmen würden, wenn Ihr Gegenüber direkt danach fragen würde. Solche Fragen gibt es jedoch nicht nur in Interviews, sondern sie begegnen Ihnen auch im Alltag.

Beispiel

 Frau Dietz übt massive Kritik an den Vorschlägen von Herrn Walter. Der verteidigt sich: „Sie wollen jetzt doch wohl keine Grundsatzdiskussion vom Zaun brechen?" Frau Dietz ist irritiert: „Na ja, das vielleicht nicht ..."

Die Suggestivfrage wirkt, weil sie dort einhakt, wo Frau Dietz zustimmen würde. Keine langwierige Diskussion, die viel Zeit verschlingt und zu keinem greifbaren Ergebnis führt. Das steckt in dem Wörtchen „Grundsatzdiskussion". Doch Herrn Walter geht es um etwas ganz anderes. Er möchte, dass seine Vorschläge allenfalls oberflächlich diskutiert werden.

Hinterfragen Sie die Suggestivfrage

Genau hier können Sie einhaken, um die Suggestivfrage auszuhebeln. Sie „schnüren" sie auf und sprechen darüber, was drin steckt. Dabei haben Sie drei Möglichkeiten:

- Sie lassen sich von Ihrem Gegenüber erklären, was er meint („Was verstehen Sie unter einer Grundsatzdiskussion?"), kommentieren das („An einer langwierigen Diskussion ohne Ergebnis habe ich auch kein Interesse."). Und dann leiten Sie dazu über, was Sie wollen („Bei grundsätzlichen Bedenken müssen wir ein wenig tiefer in die Diskussion einsteigen...").

- Sie entlarven sein Ablenkungsmanöver: „Wieso stellen Sie diese Frage? Ihnen geht es doch nur darum, eine Diskussion zu unterbinden."

- Sie treten der Suggestivfrage selbstbewusst entgegen: „Es gibt grundsätzliche Bedenken. Also müssen wir auch eine Grundsatzdiskussion führen. Ob Ihnen das nun gefällt oder nicht."

Tipp 97:
So wehren Sie sich gegen Suggestivfragen: Erklären Sie, dass es sich um eine Suggestivfrage handelt.

Was tun bei Fangfragen?

Sehr gefürchtet sind auch die so genannten Fangfragen, Fragen, in die eine Unterstellung eingeschmuggelt wird. Der Trick: Beantworten Sie die Frage ganz normal, haben Sie die Unterstellung akzeptiert.

Beispiel

„Herr Frese, Sie sind mit Ihrer Strategie schon in Osteuropa gescheitert. Wieso meinen Sie, dass Sie in Spanien mehr Erfolg haben werden?" – „Also, in Spanien verfügen wir über exzellente Verbindungen und können auf die Erfahrungen unserer Kooperationspartner zurückgreifen", erwidert Herr Frese.

Mit seiner Antwort ist Herr Frese in die Falle gegangen. Denn er hat stillschweigend die Aussage akzeptiert, dass er mit seiner Strategie in Osteuropa gescheitert sei. Wenn Herr Frese da anderer Meinung ist, dann muss er das sagen – und die Unterstellung zurückweisen.

Beispiel

„Wie kommen Sie darauf, dass unsere Strategie in Osteuropa gescheitert ist?", erwidert Herr Frese. „Sie wissen selbst, in was für einem schwierigen Umfeld wir uns damals bewegt haben. Von den Erfahrungen, die wir dabei gesammelt haben, profitieren wir heute. Es hilft uns im Übrigen auch, unser Geschäft in Spanien aufzubauen. Hier verfügen wir außerdem noch über exzellente Verbindungen und haben erfahrene Kooperationspartner gewinnen können."

Unterstellungsfragen werden recht häufig gestellt. Manchmal sind sie so subtil, dass sie uns gar nicht auffallen. „Wie wollen Sie aus der Krise wieder herauskommen?" Moment mal, es gibt Probleme, aber würden Sie gleich von einer Krise sprechen? Dagegen können Sie sich wehren, indem Sie Ihre Sicht der Dinge darlegen, bevor Sie antworten.

> **Tipp 98:**
> Bei der Richtigstellung sollten Sie zwei Fehler vermeiden: die Unterstellung allzu empört zurückzuweisen und dabei rechthaberisch aufzutreten. Beides macht Sie unsympathisch.

Antworten Sie in drei Schritten

Eine mustergültige Antwort auf eine Unterstellungsfrage vollzieht sich in drei Schritten, wobei es nicht auf die Reihenfolge ankommt:

1 Sie weisen die Unterstellung zurück: „Wie kommen Sie darauf, dass ...?" „Das ist vielleicht *Ihre* Sicht der Dinge, meine sieht ganz anders aus ..."

2 Sie stellen die Dinge richtig: „Es ist vielmehr so ..."

3 Sie verbinden die Richtigstellung mit dem eigentlichen Inhalt der Frage: „Und weil das so ist, ..."

Beispiel

 Der Chef zu Herrn Frese: „Sie haben ja schon wieder den Termin nicht eingehalten. Wieso schaffen Sie eigentlich Ihre Arbeit nicht?" – „Der Kunde hat sich kurzfristig umentschieden. Deswegen hat sich der Termin verschoben. Selbstverständlich schaffe ich unter normalen Umständen meine Arbeit."

Die Gegenfrage

Hartnäckige Frager können einen ganz schön in die Ecke treiben. Sie ahnden jede Abschweifung mit einer Nachfrage Bleibt der Gefragte immer noch die Antwort schuldig, stellen sie gnadenlos fest: „Sie *wollen* offenbar meine Frage nicht beantworten."

Gegen dieses unangenehme Treiben können Sie sich wehren, indem Sie eine Gegenfrage stellen. Nicht umsonst heißt es: Wer fragt, führt. Wollen Sie sich nicht führen lassen, fragen Sie einfach zurück. Zum Beispiel mit „Was meinen Sie damit?" – nach dieser sanftesten aller Gegenfrage muss Ihr Gesprächspartner seine Frage erst einmal näher erläutern. Damit können Sie oft schon Boden gut machen, aggressive Fragen werden oft abgemildert oder fallen in sich zusammen.

Auch „Wieso meinen Sie das?" ist eine äußerst wichtige Gegenfrage, die sich unterschiedlich intonieren lässt: verwundert, interessiert, beleidigt oder empört. Nun ist der andere am Zug und muss seine Frage begründen, konkreter werden, Beispiele nennen. Ein Nebeneffekt: Sie erfahren dadurch, wie viel er weiß. Sie können sich ganz entspannt zurücklehnen und darüber nachdenken, wie Sie reagieren wollen.

Aggressive Gegenfragen

Gegenfragen müssen übrigens nicht defensiv sein. Sie können damit auch zum Gegenangriff übergehen. Das sollten Sie jedoch nur tun, wenn Sie wirklich hart und unfair angegangen werden. Denn die aggressiven Gegenfragen wirken sehr stark.

Beispiele

„Warum fragen Sie?"

„Worauf wollen Sie hinaus?"

„Ich habe es Ihnen eben erklärt. Warum hören Sie mir nicht zu?"

„Ich werde diese Frage nicht kommentieren. Warum versuchen Sie, mich mit allen Mitteln zu provozieren?"

„Sie haben sich vorher nicht richtig informiert. Warum eigentlich nicht?"

Ziel ist es, den anderen einzuschüchtern oder sogar mundtot zu machen. Daher können sich die aggressiven Gegenfragen auch leicht als Bumerang erweisen. War die ursprüngliche Frage nämlich berechtigt, wirkt dieses Manöver anmaßend und arrogant.

Fragen einfach zurückgeben

Aggressive, unverschämte und unsachliche Fragen können Sie manchmal bequem aus dem Weg räumen, indem Sie sie an Ihren Gesprächspartner zurückreichen.

Beispiele

„Wie sieht Ihr Beitrag aus, um die Klimakatastrophe zu verhindern?" – „Darüber muss ich nachdenken. Wie sieht denn Ihrer aus?"

„Wie schaffen Sie es eigentlich, mit so wenig Hirn so viel Mist zu produzieren?" – „Keine Ahnung. Wie schaffen Sie es denn?"

> **Tipp 99:**
> Setzen Sie die Gegenfrage nur sparsam ein. Wer zu häufig davon Ge-
> brauch macht, wirkt ausweichend und abweisend. Mehrere Gegenfragen
> in Folge wirken außerdem extrem nervtötend.

Unvollständige Alternativen

Ein beliebtes Mittel, um eine bestimmte Antwort von Ihnen
zu bekommen: Der Frager präsentiert Ihnen mehrere Möglichkeiten und Sie sollen sich entscheiden. Wenn die Frage
klug formuliert ist, stolpern viele in diese Falle hinein. Daher
sollten Sie sich überlegen: Gibt es vielleicht noch eine Möglichkeit? Eine Alternative, die Ihnen am besten erscheint und
die der Frager unterschlagen hat? Dann sollten Sie nicht
zögern, diese zu nennen.

Beispiel

 „Gehen wir heute Abend ins Kino oder bleiben wir zu Hause?" –
„Ich würde am liebsten Essen gehen. Was hältst du davon?"

Sogar wenn Sie nicht gleich eine bessere Alternative parat
haben, können Sie die Frage zumindest noch offen halten:
„Da muss es doch noch eine andere Möglichkeit geben. Darüber sollten wir nachdenken."

> **Tipp 100:**
> Vielen Auswahlfragen liegen unausgesprochene Voraussetzungen zu-
> grunde. „Passt Ihnen Montag oder Donnerstag?" Hier sollten Sie die Vor-
> aussetzungen zur Sprache bringen: „Erklären Sie mir erst mal, warum ich
> mit Ihnen überhaupt einen Termin machen sollte."

Kommen Sie Anweisungen nicht nach

Bei manchen Befragungen werden wir aufgefordert, bestimmte Dinge zu tun: „Nennen Sie mir die drei wichtigsten Gründe, warum Hunde Haarausfall bekommen?" Und wir suchen brav nach exakt drei Gründen. Es spricht ja nichts dagegen, das zu tun. Allerdings spricht aus unserer Sicht auch nichts dafür. Wir tun es trotzdem – und laufen Gefahr, uns zu blamieren, weil wir ins Stammeln geraten.

Anweisungen erzeugen einen Sog. Wir fühlen uns verpflichtet, ihnen nachkommt. Umso wichtiger ist es, ihnen entgegenzutreten, wenn Sie den Sinn nicht einsehen. Der Sog wird nämlich immer stärker, wenn Sie sich erst einmal auf eine Anweisung eingelassen haben. Erklären Sie also rundheraus: „Warum sollte ich das tun?" Nun ist der andere gefordert, sein Verlangen zu begründen. Kann er das nicht, sollten Sie die Anweisungen einfach ignorieren.

Sie können die Aufforderung aber auch nach Ihren Interessen abändern. „Nennen Sie mir die drei wichtigsten Gründe, warum Hunde Haarausfall bekommen!" – „Es gibt eigentlich nur einen Grund", erwidern Sie. „Wenn sie zu heiß gebügelt wurden."

Literatur

Bauer, Joachim: Prinzip Menschlichkeit. Warum wir von Natur aus kooperieren, München 2008

Berckhan, Barbara: Die etwas intelligentere Art, sich gegen dumme Sprüche zu wehren, München 2001

Dahms, Christoph und Matthias: Die Magie der Schlagfertigkeit, Wermelskirchen 2004

Pöhm, Matthias: Nicht auf den Mund gefallen, München 2004

Stichwortverzeichnis

Bibliografische Information der Deutschen Nationalbibliothek
Die Deutsche Nationalbibliothek verzeichnet diese Publikation in der Deutschen
Nationalbibliografie; detaillierte bibliografische Daten sind im Internet über
http://dnb.de abrufbar.

Print: ISBN 978-3-648-03588-7   Bestell-Nr. 00936-0003
ePDF: ISBN 978-3-648-03589-4   Bestell-Nr. 00936-0151

2. aktualisierte Auflage 2012

© 2012 Haufe-Lexware GmbH & Co. KG, Munzinger Straße 9, 79111 Freiburg
Redaktionsanschrift: Fraunhoferstraße 5, 82152 Planegg
Fon (0 89) 8 95 17-0, Fax (0 89) 8 95 17-2 50
E-Mail: online@haufe.de
Internet: www.haufe.de
Redaktion: Jürgen Fischer
Redaktionsassistenz: Christine Rüber

Konzept und Realisation: Sylvia Rein, 81379 München
Umschlaggestaltung: Simone gestaltet, Stuttgart
Umschlagentwurf: Agentur Buttgereit & Heidenreich, 45721 Haltern am See
Druck: freiburger graphische betriebe, 79108 Freiburg

Der Autor

Dr. Matthias Nöllke

arbeitet als Journalist und Referent. Er ist für den Bayerischen Rundfunk sowie für zahlreiche Unternehmen und Verlage tätig. Er ist Autor verschiedener Bücher zum Thema Schlagfertigkeit, Small Talk und Knigge sowie einiger Fachbücher zum Thema Immobilien und Vermietung.

Weitere Literatur

„Schlagfertigkeit. Das Trainingsbuch", von Dr. Matthias Nöllke, € 19,80, 230 Seiten, ISBN 978-3-448-09589-0, Bestell-Nr. 00797

„Rhetorik – Best of Edition", von Peter Flume und Wolfgang Mentzel, 256 Seiten, € 8,95, ISBN 978-3-648-02714-1, Bestell-Nr. 00991

„Zitate für Beruf und Karriere", von Gisela Fichtl, 240 Seiten, € 8,95, ISBN 978-3-648-03436-1, Bestell-Nr. 00649

Haufe TaschenGuides
Kompakte Informationen zum kleinen Preis

Der Betrieb in Zahlen

- ABC des Finanz- und Rechnungswesens
- Balanced Scorecard
- Betriebswirtschaftliche Formeln
- Bilanzen
- BilMoG
- Buchführung
- Businessplan
- BWL Grundwissen
- BWL kompakt
- Controllinginstrumente
- Deckungsbeitragsrechnung
- Einnahmen-Überschussrechnung
- Englische Wirtschaftsbegriffe
- Finanz- und Liquiditätsplanung
- Finanzkennzahlen und Unternehmensbewertung
- Formelsammlung Betriebswirtschaft
- Formelsammlung Wirtschaftsmathematik
- IFRS
- Kaufmännisches Rechnen
- Kennzahlen
- Kontieren und buchen
- Kostenrechnung
- So funktioniert die Wirtschaft
- Statistik
- VWL Grundwissen

Mitarbeiter führen

- Besprechungen
- Delegieren
- Checkbuch für Führungskräfte
- Führungstechniken
- Die häufigsten Managementfehler
- Management
- Mitarbeitergespräche
- Moderation
- Motivation
- Neu als Chef
- Projektmanagement
- Qualitätsmanagement
- Spiele für Workshops und Seminare
- Teams führen
- Workshops
- Zielvereinbarungen und Jahresgespräche

Karriere

- Assessment Center
- Existenzgründung
- Gründungszuschuss
- Jobsuche und Bewerbung
- Vorstellungsgespräche

Geld und Specials

- Sichere Altersvorsorge
- Börse
- Energie sparen im Haushalt
- Geldanlage von A-Z
- Immobilien erwerben
- Immobilienfinanzierung
- Meine Ansprüche als Rentner
- Eher in Rente
- Zitate für Beruf und Karriere
- Zitate für besondere Anlässe

Persönliche Fähigkeiten

- Ihre Ausstrahlung
- Burnout
- Business-Knigge
- Mit Druck richtig umgehen
- Emotionale Intelligenz
- Entscheidungen treffen
- Gedächtnistraining